westermann

COOL@
SCHOOL
mit MAVIE

Deutsch
Rechtschreibung
5./6. Klasse

Mavie Noelle ist Youtuberin, Schülerin, Turnerin, BFF, Schwester, Katzenfreundin …
In diesem Trainingsbuch gibt sie praktische Tipps für den Durchblick beim Lernen
und die Entspannung zwischendurch. Seit 2015 ist Mavie mit ihrem Youtube-Kanal
online und postet regelmäßig Videos zu Schule, Sport, Styling und vielem mehr.

Annet Kowoll hat langjährige Erfahrung als Lehrerin für Deutsch und Bildende
Kunst. Als Autorin zahlreicher Lernhilfen vermittelt sie Tipps und Methoden, wie
Schülerinnen und Schüler ihre Probleme im Fach Deutsch überwinden können.

westermann GRUPPE

© 2022 Georg Westermann Verlag GmbH, Georg-Westermann-Allee 66, 38104 Braunschweig
www.westermann.de

Die Beiträge von Mavie Noelle wurden vermittelt durch die Textbaby Medienagentur, www.textbaby.de
Instagram: @mavie_noelle | tiktok: noelle.mavie | Website: https://mavienoelle.de | Youtube: Mavie Noelle

Alle Rezepte und Übungen in diesem Buch wurden sorgfältig recherchiert. Weder Autorin noch Verlag
übernehmen eine Haftung für eventuelle Nachteile oder Schäden, die aus den im Buch enthaltenen
Informationen resultieren.

Druck A[1] / Jahr 2022
Alle Drucke der Serie A sind im Unterricht parallel verwendbar.

Redaktion: imprint, Zusmarshausen, Ilona Külen
Illustrationen: Evelyn Neuss, Hannover
Umschlaggestaltung und Layout: Janssen Kahlert Design und Kommunikation GmbH, Hannover
Umschlagfoto: © Mavie Noelle
Druck und Bindung: Westermann Druck GmbH, Georg-Westermann-Allee 66, 38104 Braunschweig

ISBN 978-3-07-**241003**-8

Hallooo, hallihallo, ich bin's – eure Mavie!

Schule ist ja im Großen und Ganzen sehr in Ordnung, finde ich. Aber manchmal hakt's am Durchblick. Für diesen Fall hast du genau das richtige Buch in der Hand:

COOL@SCHOOL mit MAVIE
macht Deutsch-Lernen einfacher!

Annet Kowoll kennt sich als Lehrerin bestens mit Rechtschreib-Schwierigkeiten aus. Sie erklärt den Stoff so, dass du ihn verstehst, und gibt auch noch ganz viele **Tipps** dazu. Außerdem hat sie sich für dieses Buch massenhaft gute **Übungen** ausgedacht. Nach jedem Thema gibt es einen **Test**: Dann kannst du sehen, wie du dich verbessert hast! Lösungen zu allen Aufgaben findest du ab Seite 108.

Immer nur üben geht natürlich gar nicht. Deswegen habe ich für dich ein paar **Extra-Mavie-Seiten** im Buch versteckt: mit Geheimtipps für smartes Lernen (selbsterprobt 😜), superleckerem Brainfood, DIYs und Entspannung!

> Wenn der Platz im Buch mal nicht ausreicht, schreibst du einfach auf einem Extra-Blatt weiter.

Und das Beste ist: Immer, wenn du dieses Sternchen siehst, kannst du einen **Sticker** auf meine Autogrammkarte hinten im Buch kleben. Freu dich nach allen geknackten Deutsch-Challenges über die vollständige **Mavie-Autogrammkarte**!

Und jetzt ran ans Lernen 😊 – viel **Spaß** und **Erfolg**!
Deine

Mavie

PS: Alle meine Trainingsbücher findest du auf lernando.de/mavie-noelle.

1 GROSS- UND KLEINSCHREIBUNG

Die Anrede: *Sie oder sie? Du oder du?*

1. **In öffentlichen E-Mails oder Briefen** werden die höflichen Anrede-pronomen *Sie* und das entsprechende Possessivpronomen *Ihr* bzw. *Ihre* in allen Formen **großgeschrieben**.
   Beispiel: Bitte rufen Sie uns an. Danke für Ihre E-Mail.
2. **In privaten Briefen** können die persönlichen oder vertraulichen Anre-depronomen *du, ihr* sowie die entsprechenden Possessivpronomen *dein, deine, euer, eure* **klein- oder großgeschrieben** werden.
   Beispiel: Lieber Karl, d/Du bist ein toller Freund.
3. In anderen Texten werden **die Anredepronomen im Allgemeinen kleingeschrieben** (z. B. bei wörtlicher Rede).

Diese Regeln gelten natürlich auch für Mails, Kurznachrichten, Chats und Beiträge in sozialen Medien.

1 Entscheide, ob diese Briefe privat oder öffentlich sind, und setze die richtigen Anredepronomen ein.

a) Brief 1

Hallo Luca,

toll, dass .... bald wieder zu mir nach Bremen kommen möchtest!

Im letzten Brief hast .... mir ja geschrieben, dass .... nun auch ein

Skateboard hast. Bei uns gibt es eine tolle Skaterbahn – erinnerst

.... noch an die letzten Ferien? Da haben wir uns dort mit

meinen Freunden getroffen.

Die Anrede: Sie oder sie? Du oder du?

Wann genau kommt .... Zug am Hauptbahnhof an?

Wenn .... möchtest, kannst .... mir auch kurz eine SMS schicken!

Bis bald! Machs gut, ... Tommy

b) Brief 2

Sehr geehrter Herr Rektor Wiesenbaum,

wir möchten .... heute für .... netten Worte zu unserem

Sportfest danken! Gern würden wir .... Angebot annehmen und auf dem

Sportplatz .... Schule trainieren.

In .... Rede haben .... uns auch versprochen, dass wir uns

alle auf neue Trikots freuen dürfen, denn .... haben gute Verbindungen

zur Firma „Technodrom". Vielleicht könnten wir uns dazu nochmals bei ....

melden, um die Farben und Aufdrucke abzustimmen.

Toll, dass .... sich für unsere Sportler einsetzen!

Vielen Dank für .... Hilfe!

Mit freundlichen Grüßen
i.V. Max Müller, 1. Vorsitzender
der SV Eintracht

2 Entscheide, ob es sich bei diesen Ausschnitten um private Nachrichten oder eher um nicht private, also öffentliche Mitteilungen handelt. Setze die richtigen Anredepronomen ein.

a) Hallo Tessa,

schön, dass _____ mich in den Ferien besuchen kommen möchtest!

Dann können wir das neue Kinocenter besuchen, von dem ich _____ im

letzten Brief berichtet habe.

Denkst _____ bitte daran, _____ Inliner mitzunehmen!

b) In _____ letzten Telefonat teilten _____ mit,

dass _____ für den neuen Spielplatz an der Schule spenden möchten.

Das finden wir sehr nett von _____!

c) Hast _____ etwa vergessen, dass wir gestern verabredet waren?

Leider bist _____ nicht zum Treffpunkt am Marktplatz gekommen.

Rufst _____ mich kurz zurück, was los ist? Bis bald!

_____ Freundin Karo

> **TIPP**
>
> Achte in offiziellen Briefen besonders auf den Unterschied zwischen dem **Anredepronomen** *Sie* und dem **Personalpronomen** *sie*.

Nominalisierungen: immer groß

REGEL

Unter Nominalisierung von Verben und Adjektiven versteht man, dass diese im Satz wie Nomen (Substantive) gebraucht werden. **Nominalisierte Verben und Adjektive** werden immer großgeschrieben. Man erkennt sie an den Wörtern, die sie begleiten können. Dazu zählen:

- Artikel *(der, die, das; ein, eine, ein)*
  Beispiel: *laufen – das Laufen*
  Wir laufen schnell. Durch das Laufen sind wir fit.
- Präposition + Artikel *(am, zum, durchs, aufs, ins)*
  Beispiel: *neu – aufs Neue*
  Das Auto ist neu. Ich treffe dich aufs Neue.
- Mengen- und Zahlwörter *(wenig, manches, alles, nichts, viel, etwas)*
  Beispiel: *gut – etwas Gutes*
  Der Tag verläuft gut. Du erzählst etwas Gutes.
- Pronomen *(euer, mein, ihr, dieses, jenes, welches)*
  Beispiel: *lachen – euer Lachen*
  Wir lachen gern. Dein Lachen steckt an.
- Adjektive *(schön, rund, neu, dumm)*
  Beispiel: *schön – schönes Singen*
  Ihr singt gern. Euer Singen ist schön.

3 **Unterstreiche zunächt alle Nominalisierungen.**
Schreibe dann die Sätze in richtiger Groß- und Kleinschreibung ab.

a) ALLE GROSSEN DÜRFEN ZUM SCHWIMMEN.

b) BEIM ZEICHNEN IM SITZEN IST ETWAS DUMMES PASSIERT.

c) ICH HABE WENIG GUTES ÜBER IHN GEHÖRT.

d) ICH AHNE NICHTS GUTES.

e) BEIM LAUFEN HAT SIE SICH DEN FUSS GEBROCHEN.

f) DAS DUMME IST, DASS ICH DEN TERMIN VERGESSEN HABE.

TIPP Manchmal fehlt der Begleiter (Artikel, Pronomen …) vor dem nominalisierten Verb. Wenn du ihn in Gedanken ergänzen kannst, kannst du sicher sein, dass es sich um eine Nominalisierung handelt.
Beispiel: Da (das) Laufen sehr gesund ist, joggt Till täglich eine Stunde. → Nominalisierung
Aber: Da (–) laufen sie! → Verb

4 **Groß oder klein? Streiche die falsche Schreibweise durch.**
a) Blütennektar wird von Pflanzen zum **Anlocken** • **anlocken** von Tieren verwendet.
b) Die **Angelockten** • **angelockten** Tiere tragen so zum **Verbreiten** • **verbreiten** der Pollen und Samen bei.
c) Sie helfen damit den Pflanzen beim **Fortpflanzen** • **fortpflanzen** ihrer **Eigenen** • **eigenen** Art.
d) Bienen helfen durch häufiges **Anfliegen** • **anfliegen** der Blüten und das **Abnehmen** • **abnehmen** der Pollen den Pflanzen beim Befruchten/befruchten.

5 **Finde die Fehler, markiere sie und schreibe den Text dann richtig ab.**

Über das denken und fühlen von Pflanzen

Es gibt kaum etwas schöneres als einen Waldspaziergang im Frühling.

Doch woher wissen Schneeglöckchen, Tulpen, Narzissen und Co., dass nun endlich die Zeit des erwachens und des Neubeginns des Lebens gekommen ist? Forscher finden immer mehr Hinweise darauf, dass Pflanzen durch denken und fühlen bestimmen, wann sie ihr wachsen beginnen. Durch zusammentragen jahrelanger Forschungsergebnisse stellten sie fest, dass Pflanzen in einem engen Netzwerk von Informationen leben. Ein Beispiel ist das freisetzen von Lockstoffen, um Schlupfwespen anzulocken, wenn sie von Raupen befallen sind.

Dieses freisetzen lockt die Wespen scharenweise an, welche sich sofort an das töten der Raupen machen.

6 **Markiere nur die Nominalisierungen und unterstreiche deren Begleitwörter.**
Beispiel: *Beim Einkaufen von Blumenzwiebeln musst du darauf achten, dass die Zwiebeln eine feste Schale besitzen.*

Frühlingsblumen selber großziehen

Zum Züchten von Frühlingsblumen braucht man eine Kiste Aussaaterde. Das Einsetzen der Zwiebeln in die Erde ist einfach:

Setze die Spitze der Zwiebel nach unten. So kannst du das Ausbilden der Wurzeln fördern. Während des Wachsens solltest du die Zwiebel leicht angießen. Durch vorsichtiges Düngen erreichst du ein
vorschnelles Blühen deiner Tulpen oder Narzissen.
Du kannst die Zwiebel nach dem Verblühen der Pflanzen auf den Kompost legen. Wenn das Laub trocken ist, kann es abgeschnitten werden. Durch erneutes Einsetzen der Zwiebeln in die Erde erreicht man ein erneutes Blühen.

7 **Was passt zusammen? Übertrage die Tabelle ins Heft und ordne möglichst viele Beispiele in die Tabelle ein.**
der • die • ~~das~~ • ein • eine • lang • weit • ~~leise~~ • gut • auf • an • ins • werfen • groß • schreiben • ~~gut~~ • beim • ~~klagen~~ • hell • schlafen • dumm • zur • kochen • schön • essen • alt • vor • arbeiten • fein • berichten • neu • mein • dieses • jenes • wenig • viel • etwas • ~~nichts~~ • kein • alles

Begleiter + nominalisiertes Verb	Begleiter + nominalisiertes Adjektiv
das leise Klagen	nichts Gutes

Zeitangaben

REGEL

1. Zeitangaben schreibt **man groß, wenn diese als Nomen verwendet werden**. Dann steht vor den Zeitangaben oft ein Begleiter.
   Beispiel: *der Abend, am Nachmittag, zum Mittwochnachmittag*
2. Tageszeiten, vor denen Adverben wie *heute, morgen, gestern ...* stehen, schreibt man groß.
   Beispiel: *gestern Morgen, heute Abend, morgen Mittag*
3. Zeitangaben **in Form eines Adverbs** und welche **im Wortinneren oder Wortende ein** *s* haben, schreibt man **klein**.
   Beispiel: *morgen, abends, heute, dienstagsmittags, samstagabends, früh, sonntagmorgens*

TIPP Wenn vor Zeitangaben Begleiter stehen oder stehen können, schreibt man diese groß. Mache also die **Einsetzprobe**, wenn du unsicher bist, wie eine Zeitangabe geschrieben wird, vor der kein Begleiter steht.
Beispiel: *Bis (zum) Montag sind es nur noch drei Tage. Wir freuen uns auf (–) morgen Abend.*

8 **Ergänze die Tabelle.**

kleingeschrieben	großgeschrieben
abends	
	der Morgen
mittwochs	
donnerstags morgens	
	am Vormittag
nachts	
freitagnachmittags	
	am Sonntagmorgen

9 **Entscheide, ob groß- oder kleingeschrieben wird.**
Streiche die falsche Schreibweise durch.

a) Wir treffen uns **Donnerstagmittags** • **donnerstagmittags** am Eingang des Zoos.

b) Tim geht jeden **Montagabend** • **montagabend** zum Volleyballtraining.

c) Am schönsten findet Jana es, wenn sie den Samstagabend/samstagabend mit ihren Eltern verbringen kann.

d) Können wir uns **Mittwochs** • **mittwochs** zum Laufen treffen?

e) Am **Dienstagmorgen** • **dienstagmorgen** fährt er mit der U-Bahn zum Museum.

f) Sein Vater liest **Morgens** • **morgens** als erstes die Zeitung und trinkt dazu Kaffee.

g) Kais Mutter geht jeden **Morgen** • **morgen** joggen.

10 **Finde die Fehler, markiere sie und schreibe den Text dann richtig ab.**

Die Klassenfahrt der 5a

Am nächsten montagmorgen treffen sich alle Schüler der Klasse 5a am Bushalteplatz. Von dort werden sie bereits sehr früh mit dem Bus an die Nordsee fahren. Gestern nachmittag haben sich Lara und Betty in der Stadt getroffen, um noch ein paar schicke Klamotten für die Disco zu kaufen, die jeden dienstagabend in der Jugendherberge stattfindet. Die Jungen wollen sich Freitagnachmittags ebenfalls am Einkaufscenter treffen. Sie planen, jeden nachmittag Fussball zu spielen. Deswegen brauchen Tom und Jonah noch neue Fußballschuhe.

In der Nähe der Jugendherberge gibt es auch ein Hallenbad, das jeden abend von 18:00 bis 21:00 Uhr geöffnet hat.

Die Rückreise ist für den kommenden freitag geplant.

Waaah – ich muss noch sooo viel lernen?!?!?!

Manchmal werde ich fast paaaaanisch, wenn ich daran denke, was ich noch alles für die Schule lernen muss ...

Aber dann atme ich einmal tief durch und erinnere mich an ein paar *Spitzen-Tricks*, die mir schon oft geholfen haben!

Leg dein Handy weg
Auf lautlos stellen, aus deinem Blickfeld legen und loslernen!

Mach zwischendurch Pausen
Leg fest, wie lange du an einer Aufgabe bleibst (zum Beispiel 30 Minuten) und mach dann eine 5-Minuten-Pause.
Bei größerem Lernpensum arbeite 90 Minuten konzentriert und mach dann eine 20-Minuten-Pause.

Frag um Hilfe, wenn du mal nicht weiterkommst oder zu lange an einer Aufgabe sitzt
Es will einfach nicht klappen?! Dann brüte nicht allein weiter – frag deine Freundin, Geschwister, Eltern oder wer sonst noch den Durchblick haben könnte.

Zum Lernen öfter mal die Sitzposition oder den Ort wechseln
Bewegung und Lernen passen perfekt zusammen – schon mal Englischvokabeln oder Matheformeln auf dem Trampolin gelernt? Geht auch ohne Trampolin: Im Zimmer auf- und abgehen, Seilspringen, Treppenstufen rauf- und runtersteigen ...

ABSCHLUSSTEST

1 **Setze die passenden Pronomen (Anredepronomen, Possessivpronomen, Personalpronomen) ein.**
Wenn du besonders gründlich arbeiten willst, schreibe die Briefe ab.

Sehr geehrter Herr Meier,

da ___ie uns als Züchter von Sennenhunden empfohlen worden sind, möchte

ich ___ie hiermit fragen, wann ich mit meinen Eltern einmal bei ___hnen

vorbeikommen darf, um mir die Hunde anzusehen. Bitte schlagen ___ie

uns einen Termin vor, der ___hnen passt. Meine Eltern sind berufstätig,

daher hätten ___ie am besten am Wochenende Zeit. Wenn ___ie möchten,

können ___ie ___ie telefonisch erreichen unter 02920 / 34 34. Vielen Dank,

dass ___ie sich bald melden werden!

Mit besten Grüßen

___hre Mara Bremer und Eltern

Liebe Oma,

heute möchte ich ___ir meinen größten Wunsch schreiben! Kannst ___u ___ir

vielleicht denken, was das sein könnte? Ich wünsche mir zum Geburtstag einen

Hund! Weißt ___u noch, wie ich mich immer um ___einen Hund gekümmert

habe, als ___u verreist warst? Bitte, Oma, helfe mir, Mama und Papa zu über-

zeugen! Ich habe ___ich ganz doll lieb! Danke für ___eine Hilfe!

___eine Mara

maximale Punktzahl **10** (je 0,5 Punkte pro Einsetzung) / erreichte Punktzahl =

2 **Entscheide, ob die fehlenden Zeitangaben groß- oder kleingeschrieben werden. Notiere hinter jede Zeitangabe die passende Regel von Seite 12.**

Kathrin und Lena wollen ....

(AM KOMMENDEN MONTAG) mit den Eltern in die Türkei fliegen.   (Regel ......)

Deshalb überlegten sie .... (GESTERN

ABEND), was bis dahin noch alles zu erledigen ist.   (Regel ......)

Kathrin ruft: „Denke daran, dass Oma und Opa ....

.... (AM NÄCHSTEN SAMSTAG) kommen.   (Regel ......)

Wir müssen sie .... (MORGEN ABEND)

wegen der Ankunft des Zuges anrufen.   (Regel......)

.... (KOMMENDEN FREITAG) ist es

dafür zu spät."   (Regel......)

Lena antwortet: „Du hast doch .... (MITTWOCHS)

deinen Yoga-Kurs. Hast du den schon abgesagt?"   (Regel ......)

Kathrin meint: „Das erledige ich .... (HEUTE ABEND)

(Regel ......).

Am besten werde ich ....

.... (MORGEN IN DER FRÜHE) für Opa und Oma eine lange

Liste schreiben.   (Regel ......)

Lass uns außerdem ....

(HEUTE ABEND) noch besprechen, was wir alles in die Koffer packen!" (Regel......)

= erreichte Punktzahl / maximale Punktzahl **9**

3 **Achte auf die Nominalisierungen und unterstreiche diese im Text.
Schreibe den Text dann in der richtigen Schreibweise ins Heft ab.**

WIE PFLANZEN IHR BLÜHEN BESTIMMEN

DIE ENTSCHEIDUNG, MIT DEM BLÜHEN ZU BEGINNEN, IST FÜR JEDE PFLANZE

RISKANT. DIE BLÜTEN BENÖTIGEN ENERGIE UND WENN NOCHMALS MINUSGRADE

KOMMEN, KÖNNTE DAS DIE PFLANZE DAS LEBEN KOSTEN. PFLANZEN HABEN

DAHER EIN GENIALES VERFAHREN. SIE MESSEN NICHT NUR DIE TEMPERATUR

UND DAS LICHT, SONDERN AUCH DIE TAGESLÄNGE. SOMIT KÖNNEN DIE ERSTEN

WÄRMEREN SONNENSTRAHLEN IM JANUAR KEINE PFLANZE DAZU BEWEGEN,

EIN SCHNELLES WACHSEN IN GANG ZU SETZEN. AUCH PFLANZEN ÜBEN SICH IM

SPEICHERN VON NÜTZLICHEN INFORMATIONEN. DAS SO GEWONNENE WISSEN

WIRD AN DIE PFLANZENNACHKÖMMLINGE WEITERGEGEBEN.

maximale Punktzahl **7** / erreichte Punktzahl =

Like!
Zeit für einen
Mavie-Sticker!

Kontrolliere deine Ergebnisse mithilfe der Lösungen (Seite 110 / 111),
addiere dann die erreichten Punkte.

 26 bis 21 Punkte: 20 bis 13 Punkte: 12 bis 0 Punkte:

Gesamtpunktzahl
von max. **26**

2 GETRENNT ODER ZUSAMMEN?

Wortverbindungen aus Nomen und Verben

1. Verbindungen aus einem Nomen (Substantiv) und einem Verb schreibt man **getrennt**, wenn die **Betonung auf beiden Wörtern** liegt und so beide Wörter als eigenständig angesehen werden.
   Beispiel: *Rad fahren, Urlaub machen, Inliner fahren, Sport treiben*

2. Verbindungen aus einem Nomen und einem Verb schreibt man **zusammen**, wenn das Nomen in Verbindung mit dem Verb seine Eigenständigkeit verloren hat und ein **feststehender neuer Ausdruck** entstanden ist.
   Beispiel: *eislaufen, teilhaben, kopfstehen, handhaben*

3. Verbindungen aus einem Nomen und einem Verb **können getrennt oder zusammengeschrieben** werden, wenn sie **wie ein Adjektiv gebraucht** werden.
   Beispiel: *die Ski laufende Schülerin / die skilaufende Schülerin, der allein Erziehende / der Alleinerziehende*

4. Werden Verbindungen aus Nomen und Verb **nominalisiert/substantiviert** (d. h. als Nomen/Substantiv gebraucht), schreibt man sie **immer zusammen und groß**!
   Beispiel: *Wir wollen auf dem zugefrorenen See Schlittschuh laufen, denn das Schlittschuhlaufen macht uns Spaß!*

1 **Bilde die passende Verbindung aus Nomen und Verb und schreibe diese in einem Satz in dein Heft.**

a) Wir werden heute Nachmittag mit dem .... (RADFAHREN).

b) Nach der Arbeit muss Papa sich oft die .... (HAAREWASCHEN).

c) Diese Spielanleitung ist leicht .... (HANDZUHABEN).

d) Wir wollen heute in der neuen Halle .... (EISLAUFEN) gehen.

e) Wenn ich den Führerschein habe, kann ich endlich allein .... (AUTOFAHREN).

> **TIPP** Bei der Erkennung von Nominalisierungen hilft dir die **Artikelprobe:** Prüfe, ob man einen Artikel oder einen Begleiter vor Verb + Nomen setzen kann.
> **Beispiel:** _Tennis spielen_ ist toll. (???) → _Das Tennisspielen ist toll._

2 **Streiche die falsche Schreibweise durch.**

a) Das **Radfahren • Rad fahren** durch den Park ist toll!

b) Beim **Fußballspielen • Fußball spielen** hat sich David am Bein verletzt.

c) Tina nimmt zum **Geschirrspülen • Geschirr spülen** immer ein hautfreundliches Spülmittel.

d) Wir wollen das **Essenkochen • Essen kochen**.

e) Das **Essenkochen • Essen kochen** für die Eltern macht uns Spaß.

f) Jana verdient sich durch das **Rasenmähen • Rasen mähen** etwas Taschengeld.

g) Das **Blumenpflücken • Blumen pflücken** im Park ist nicht erlaubt.

h) Wir wollen dieses **Teil haben • teilhaben**.

i) Zum Abkühlen muss das Glas Marmelade auf dem **kopfstehen • Kopf stehen**.

3 Bilde aus den eingeklammerten Wörtern Formulierungen und notiere jeden Satz in der richtigen Schreibweise ins Heft.

a) Frau Meier hofft, in der neuen Firma _____

(Fuß • fassen) zu können.

b) Wenn das deine Eltern sehen, werden sie _____

(Kopf • stehen)!

c) Das ewige _____ (Angst • haben) bringt dich

auch nicht voran, im Gegenteil!

d) Das _____ (Ski • laufen) hat sie während der

Klassenfahrt gelernt.

e) Beim Sportfest zeigte Kai, wie toll er _____

(Kopf • stehen) kann.

f) Vor der Schwimmprüfung brauchst du absolut keine _____

_____ (Angst • haben).

4 Bilde Nominalisierungen und verwende diese in Sätzen.
Rollschuhe fahren • Fahrrad fahren • Trampolin springen • Kakao trinken • Pizza essen • schlafen gehen • Tisch decken • Auto fahren • Bücher lesen

a) Beim _____ sollte man einen Helm tragen.

b) Mavie kann gut _____ .

c) Das _____ vor dem _____

ist ein Ritual von mir.

d) Ich gehe oft mit meinen Eltern zum _____ .

e) Ich habe oft keine Lust zum _____ .

f) Mein Bruder lernt gerade das _____ .

g) Häufiges _____ verbesserte meine Rechtschreibung.

> **TIPP**
>
> Ein Verb kann als Grundwort **untrennbare (feste) Zusammensetzungen** mit anderen Wörtern (z. B. Nomen, Präpositionen) bilden. Das Verb ist dann untrennbar, wenn die Wortbestandteile in **allen Zeitformen** in der **gleichen Reihenfolge** stehen.
>
> **Beispiel:**
>
> 1. Nomen + Verb = Verb
> Infinitiv: Maß + regeln = maßregeln
> Präsens: Sie maßregelt ihn.
> Präteritum: Sie maßregelte ihn.
> Perfekt: Sie hat ihn gemaßregelt.
>
> 2. Präposition + Verb = Verb
> um + fahren = umfahren
> Er umfährt das Hindernis.
> Er umfuhr das Hindernis.
> Er hat es umfahren.

5 Getrennt oder zusammen? Finde jeweils zwei Wörter, die eine Verbindung mit einem Verb ergeben.

Beispiel: *lang + weilen = langweilen*

SCHLUSS	LOB	~~LANG~~
MAß	ANTWORT	RAT

~~weilen~~	regeln	preisen
folgern	geben	suchen

....

....

6 Finde die Fehler, markiere sie und schreibe den Text dann richtig ab.

Sport treiben ist gesund

Egal, ob du Radfährst, eisläufst, skatest oder schwimmengehst, wichtig ist die körperliche Bewegung. Das Auto fahren ist also nicht immer die gesündeste Fortbewegung.

....

....

....

....

Verben in Verbindung mit Verben und Adverbien

REGEL

1. Verbindungen aus Verb und Verb werden **meist getrennt** geschrieben. Beide Verben werden dann gleich betont.
   Beispiel: *kochen lernen, schwimmen gehen, spazieren gehen, kennen lernen (auch: kennenlernen), etwas bleiben lassen*
2. Verbindungen mit Verben dürfen **zusammengeschrieben** werden, wenn der zweite Bestandteil aus den Verben „bleiben" oder „lassen" besteht und eine **übertragene Bedeutung** vorhanden ist. Meist wird in diesem Fall **der erste Teil des Wortes stärker betont**. Mithilfe der Zusammenschreibung wird das Wort von der wortwörtlichen Bedeutung abgegrenzt.
   Beispiel: *auf dem Stuhl sitzen bleiben – in der Schule sitzenbleiben*
3. Verbindungen aus Verb + Verb, bei denen der **erste Bestandteil ein Partizip** ist, werden **meist getrennt** geschrieben.
   Beispiel: *getrennt schreiben, gefangen nehmen*
4. **Nominalisierungen (Substantivierungen)** aus Verb und Verb bzw. Partizip und Verb werden **immer zusammengeschrieben**.
   Beispiel: *das Getrenntschreiben, das Spazierengehen*
5. **Verbindungen mit „sein"** werden **als Verb getrennt** geschrieben. Aber auch hier werden Nominalisierungen zusammengeschrieben.
   Beispiel: *da sein, dabei sein; das Dasein, das Dabeisein*

7 Finde die Fehler, markiere sie und schreibe den Text dann richtig ab.

Bewegungsmangel nimmt zu
Das Spazieren gehen ist inzwischen aus der Mode gekommen. Das Kennen lernen neuer Freizeitaktivitäten steht im Vordergrund. In der Schule aber wollen Schüler in keinem Fall sitzen bleiben.

8 **Getrennt oder zusammen? Schreibe die Verben richtig auf.**

a) Wenn dich jemand nicht mag, solltest du ihn links

.... (liegen • lassen)

b) Tessa strengt sich in Mathe an, denn sie will nicht

.... (sitzen • bleiben)

c) Wollen wir heute mit den anderen aus der Klasse

.... ? (spielen • gehen)

d) Der Nachbar sollte nicht ständig den Motor seines Autos

.... (laufen • lassen)

e) In dem dichten Gedränge war das ....

(kennen • lernen) neuer Gäste nicht einfach.

f) Er hat seinen langjährigen Freund ....

(fallen • lassen), ohne mit der Wimper zu zucken.

g) Als die Straßenbahn plötzlich ruckartig anfuhr, hat er seine Tüte mit Äpfeln

.... (fallen • lassen).

h) Der Aktenstapel wuchs. Sein Kollege hatte viele Anfragen vor dem Urlaub

einfach .... (liegen • lassen).

i) Die Regeln für das .... sind jetzt

verständlich geworden. (getrennt • schreiben)

Verbindungen aus Adjektiv und Verb

1. Verbindungen aus einem Adjektiv und einem Verb werden **getrennt** geschrieben, wenn das **Adjektiv steigerbar** ist.
   Beispiel: *frei leben, mündig sprechen, schnell laufen, schief gehen*
2. Verbindungen aus einem Adjektiv und einem Verb werden **zusammen-geschrieben**, wenn eine **neue Bedeutung** entsteht. Eine Steigerung des Adjektivs ist in diesem Fall sinnlos.
   Beispiel: *sich kranklachen, etwas kürzertreten, sich langweilen, (den Angeklagten) freisprechen, schiefgehen (misslingen)*

TIPP Achte bei Verbindungen aus Adjektiv und Verb auf die **Aussprache**. Wird die Verbindung wie ein Wort gesprochen, schreibt man diese zusammen.
Werden beide Wörter betont, werden sie als eigenständige Wörter gesehen und getrennt geschrieben.
Beispiel: *Tom wird die Arbeit gut schreiben.*
(= eine gute Note erhalten)
Dann werden seine Eltern ihm ein Extra-Taschengeld gutschreiben.
(= auf sein Sparbuch überweisen)

9 **Bilde im Heft aus zwei Wörtern ein zusammengesetztes Verb.**
Beispiel: *lang + weilen = langweilen*

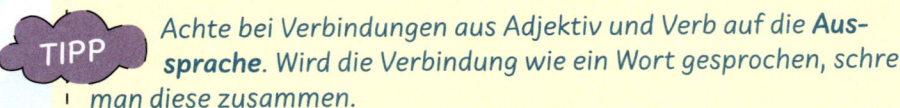

lang	um	voll		sprechen	bringen	weilen	stellen
lieb	weg	hinter		sehen	fahren	graben	
wider	unter	hin		gehen	äugeln	gehen	

10 **Finde die Fehler, markiere sie und schreibe den Text dann richtig ab.**

Als der Arzt ihn krank schreiben wollte, wollte er sich krank lachen, denn er konnte wirklich nicht kürzer treten. Aber mit dem Arzt konnte er zum Glück freisprechen.

11 **Prüfe, ob die Ausdrücke in Klammern getrennt oder zusammengeschrieben werden. Notiere sie richtig.**

a) Mario meint, dass er Freitag .... will.

(blau • machen)

b) Er möchte endlich mal wieder ....

(lange • schlafen)

c) Seinen Eltern will er .... , dass er Kopf- und

Ohrenschmerzen hat. (weis • machen)

d) Das dürfte ihm nicht .... (schwer • fallen), denn

er kann .... (gut • schauspielern)

e) Der Arzt wird ihn ....

(krank • schreiben)

f) Dann kann Mario den ganzen Tag ....

oder am PC spielen. (fern • sehen)

g) Falls das Vorhaben jedoch .... (schief • geht),

würde er sich garantiert ....

(schwarz • ärgern)

h) Plötzlich fällt ihm ein, dass nachmittags das Skater-Treffen

.... wird. (statt • finden)

Vielleicht sollte er seinen Plan noch einmal überdenken.

12 Entscheide, ob zusammengeschrieben oder getrennt geschrieben wird.
Beispiel: schwarz sehen

Du solltest positiver denken und nicht alles schwarzsehen .

In der Geisterbahn konnten wir nur Schwarz sehen .

a) **frei + sprechen**

Kannst du das Gedicht _____ ?

Der Richter wird den Angeklagten _____ .

b) **leicht + fallen**

Wenn du unvorsichtig kletterst, wirst du _____ .

Nach jahrelangem Training wird ihm der Wettkampf _____ .

c) **sicher + gehen**

Wir konnten _____ , dass wir die Prüfung bestehen

werden.

Leider konnten wir auf der vielbefahrenen Straße nicht _____

und mussten einen Umweg machen.

13 Entscheide, ob die Verbindungen a) bis i) trennbar oder untrennbar sind.
Streiche die falsche Schreibweise durch.

a) Wir müssen dies unbedingt **geheim halten • geheimhalten**.

b) Will man alles **richtig schreiben • richtigschreiben**,
muss man **Regel mäßig • regelmäßig** üben.

c) Wenn man mit Bus oder Bahn **schwarz fährt • schwarzfährt**,
muss man ein Bußgeld bezahlen.

d) Bald wird es mit unserer Fußballmannschaft
aufwärts gehen • aufwärtsgehen.

e) Anka wird es nach dieser Trainingsform **leicht fallen • leichtfallen**,
den Wettkampf **zu gewinnen • zugewinnen**.

f) Sie müssen den Brief erst **frei machen • freimachen**.

g) Die Geiseln sind nach sechs Wochen endlich **freigekauft • frei gekauft** worden.

h) Sie wird ihren Vortrag auf der Konferenz **freihalten • frei halten**.

i) Könntest du mir einen Platz **freihalten • frei halten**.

Wenn du ein Smartphone zur Verfügung hast, dann lies die Sätze laut und nimm sie auf, spiel dir die Aufnahme vor und schreibe die Sätze dann nochmal richtig ab. So kannst du dir selbst etwas diktieren, wenn du gerade keinen Lernpartner oder keine Lernpartnerin hast.

TIPP

Verbindungen aus Verben mit Adverbien können je **nach Bedeutung als Zusammensetzung oder getrennt** geschrieben werden.
Bei den Wortgruppen werden in der Regel beide Wörter betont.
Bei den Zusammensetzungen liegt die Betonung meist auf dem Adverb und das Wort hat eine etwas erweiterte Bedeutung.
Beispiel:
zusammen + halten = gemeinsam halten, zusammenhalten
Der Korb ist zu schwer. Wir müssen ihn <u>zusammen halten</u>.
Die Freunde wollen auch in der neuen Klasse <u>zusammenhalten</u>.

14 Verbinde die zwölf Wörter aus dem linken Feld mit einem passenden Verb aus dem rechten Feld.

Adverbien	
zusammen	umher
herunter	drauflos
hinaus	über
weg	zu
ab	hin
drauf	an

Verben		
geben	fahren	sehen
führen	gehen	kommen
laufen	brechen	biegen
werfen	treten	stellen

ABSCHLUSSTEST

1 **Bilde mit den genannten Wortkombinationen Schlagzeilen für eine Zeitung.**

Dienst – tuend • Energie – sparend • Gewinn – bringend • Aufsehen – erregend • Not – leidend • Erholung – suchend • Nerven – zerfetzend • Hilfe – suchend • Eis – laufen • Teil – haben • Rad – fahren • Kopf – stehen

a) Jubel nach Eurovisionssieg: Hannover wird ....

b) Endlich .... Glühbirne auf dem Markt

c) Hilfe für .... Kinder in Afrika

d) .... Geschäfte mit Russen geplatzt

e) Großes .... Szenen im neuen Kinofilm

f) .... Polizist von Rockern erschossen

g) Ein Idyll für .... Touristen!

h) Das .... WM-Qualifikationsspiel fand statt

i) .... Obdachloser verprügelt

j) Kinder wollen .... und brechen im zugefrorenen See ein

k) Arbeitnehmer wollen an Unternehmensgewinnen ....

l) Ausflüge auf zwei Rädern: .... wird immer beliebter

= erreichte Punktzahl / maximale Punktzahl **12**

2 Getrennt oder zusammen?

2 **Entscheide, ob die Verben getrennt oder zusammengeschrieben werden. Achte bei Nominalisierungen auf die Großschreibung.**

a) Das .... in der Schule kann zu Ärger mit

den Eltern führen. (sitzen / bleiben)

b) Du solltest deinen kleinen Bruder ....

.... (schlafen / lassen)

c) Beim .... begegneten uns viele

Bekannte. (spazieren / gehen)

d) Zum richtigen Urlaub gehört das ....

fremder Gewohnheiten. (kennen / lernen)

e) Du solltest deine Freundin nicht links ....

(liegen / lassen)

f) Manchem fällt das .... älterer

Menschen nach wie vor schwer. (achten / lernen)

g) Er will immer für seine Freunde ....

(da / sein)

h) Das .... (da / sein) hat auch seine

Schattenseiten.

maximale Punktzahl **8** / erreichte Punktzahl =

.

3 **Entscheide, ob getrennt oder zusammengeschrieben wird. Verbinde die Wortteile durch einen Bogen oder setze einen senkrechten Trennungsstrich in die Lücke.**

a) Am Wochenende lieb____äugelte er mit seiner ersten Radtour.

Er konnte sich sicher____sein, dass die Sonne scheinen würde. Doch gerade

wegen des Ausflugsverkehrs konnte er sich auf den Straßen nicht immer

sicher____fühlen, sondern musste eine Strecke mit Radwegen auswählen.

b) In ihrem Kopf hatte sich in den vergangenen Tagen Unmut

breit____gemacht. Sie wünschte sich, im Urlaub zu____sein. Das Warten bis zu

den Ferien würde ihr schwer____fallen. Sie konnte sich allerdings nicht ganz

davon frei____sprechen, dieser Situation zugestimmt zu haben. Ihre Kollegin

war schwer____gefallen, hatte sich mehrere Rippen und das Bein gebrochen,

und anstatt endlich blau____zu____machen, musste sie ihren Urlaub um meh-

rere Wochen verschieben. Immerhin wurden ihr die Stornierungsgebühren von

ihrer Firma gut____geschrieben.

= erreichte Punktzahl / maximale Punktzahl **10**

Like!
Zeit für einen
Mavie-Sticker!

Kontrolliere deine Ergebnisse mithilfe der Lösungen (Seite 114),
addiere dann die erreichten Punkte.

☐ 30 bis 24 Punkte:    ☐ 23 bis 15 Punkte:    ☐ 14 bis 0 Punkte:

Mavies beste Moves

BEWEGUNG ist für mich mindestens so wichtig wie ein guter Snack zwischendurch oder ein Call mit der BFF. Wenn der Kopf bei der ganzen Lernerei nicht mehr denken will, springe ich meistens ein paar Runden auf dem Trampolin. Aber Bewegung geht auch ohne Trampolin, Turn-Equipment oder Fitnessgeräte – zum Beispiel mit einer altbewährten Yoga-Übung (auch für Nicht-Yogis leicht zu schaffen):

Drehwurm mit Händen und Füßen

Stell dich stabil aufs **rechte Bein**. Das linke hebst du an und bewegst deinen **linken Fuß kreisförmig im Uhrzeigersinn**. Gleichzeitig kreist du mit **der rechten Hand gegen den Uhrzeigersinn**.

Nach **10 Kreisen** – Richtung wechseln: **linker Fuß gegen den Uhrzeigersinn, rechte Hand im Uhrzeigersinn.** 10 Kreise

Jetzt kommt die andere Seite dran: Du stehst auf dem **linken Bein.**
Rechter Fuß im Uhrzeigersinn, linke Hand gegen den Uhrzeigersinn. 10 Kreise
Rechter Fuß gegen den Uhrzeigersinn, linke Hand im Uhrzeigersinn. 10 Kreise

Wenn du diese Herausforderung gemeistert hast, fühlst du dich wirklich frisch und fit! Bei mir funktioniert's (wenn ich nicht vor Ende der Übung umgefallen bin ...)

SCHEPPER

3 GLEICH KLINGENDE VOKALE

Der i-Laut: *i, ie, ih und ieh*

Den i-Laut kann man ganz unterschiedlich schreiben: *i, ie, ih* oder *ieh*.
Folgende Regeln helfen dir dabei, ihn richtig zu schreiben:

1. Der **lang gesprochene i-Laut** wird **häufig *ie*** geschrieben.
   Beispiel: *die Liebe, der Riese, ziemlich, das Ziel, er fiel, viel, wieder*

2. In einigen Wörtern wird der lang gesprochene i-Laut **mit einfachem i**
   geschrieben, vor allem **bei Wörtern aus Fremdsprachen**. Diese Wörter
   musst du einfach auswendig lernen.
   Beispiel: *die Apfelsine, der Liter, die Vitamine, das Augenlid,*
   das Krokodil, der Ski, die Bundesliga, die Idee, das Virus, die Goldmine;
   auch: wider im Sinne von gegen (siehe Seite 100)

3. Nur **in wenigen Wörtern** wird der lang gesprochene i-Laut ***ih* oder *ieh***
   geschrieben.
   Beispiel: *ihr, ihm, ihnen, ihn (Pronomen)*
   das Vieh, es zieht (zie-hen), sie sieht (se-hen), er flieht (flie-hen)

1 **Finde die Fehler, markiere sie und schreibe den Text dann richtig ab.**

Aufstig in die Lese-Liega
Wer vihl list, ist niecht nur gut in Rechtschreibung, sondern auch
gebieldeter als andere. Auch die Fantasieh wird durch das Lesen
ienteressanter Bücher gefördert. Man erhält Tipps, Iedeen und
Hienweise für das Schreiben eigener Texte. Jeder kann, genauso
wie beim Sport, durch täglieches Lesen seine Leseleistung trai-
nihren, um in die Lese-Liega aufzusteigen.

Der i-Laut: i, ie, ih und ieh

2 **Findest du die Wörter mit *ie*, die in die Lücken passen?**

a) Ich .... es, am Strand auf der .... zu ....

b) Durch diese Stadt .... zwei Flüsse.

c) Mit dem neuen .... können wir jetzt das Mehl sehr fein ....

d) Denke daran, das Fenster zu ...., bevor du gehst.

e) Um uns .... zufinden, ... wir den verabredeten Ruf.

f) Pass auf, dass du kein Wasser ....

g) „Wegen Sanierung geschlossen": Das Bauwerk wird gerade ....

h) Im ....fach ist noch Eis.

i) Auf dem Rummelplatz kann man mit Bällen auf Dosen ....

j) Wenn du dich nicht warm ...., wirst du ....

3 **Finde in der Tabelle unten Reimwörter.**
Achte dabei auf die Schreibung des i-Lautes.
Beispiel: *lieb – gib*

biegen	fliegen	Hiebe	gießen	Bier
kriechen	~~lieb~~	~~gib~~	Diebe	Vieh
schießen	Kiefer	Knie	mir	vermiesen
riechen	Sieb	Hieb	Riesen	Schiefer

....

....

....

....

....

....

....

4 Schreibe zu den Nomen, die aus anderen Sprachen stammen, das passende Verb auf.
Beispiel: *der Spaziergang – spazieren*

~~der Spaziergang~~	die Rasur	die Kontrolle	der Export
die Diskussion	die Ruine	der Radiergummi	das Studium
der Applaus	das Referat	die Inspektion	das Training

5 Achtung: Teekesselchen! Ergänze die fehlenden i-Laute.
Die Schreibung der Teekesselchen kann übrigens unterschiedlich sein.

a) Wir singen gemeinsam ein L......d.

b) Sein Augenl......d ist entzündet.

c) Der St......l der Musik ist angenehm.

d) Der Besenst......l ist zerbrochen.

e) Grippe ist durch V......ren übertragbar.

f) Wir V......r z......en um d......ganze Welt.

g) In der Goldm......ne besteht Einsturzgefahr.

h) Z......h doch nicht so eine M......ne!

6 Ergänze die Wörter in der Tabelle. Schreibe die Präteritum-Form auf.

	schlafen	stoßen	laufen	fallen	steigen
ich					stieg
du					
er/sie/es		stieß			
wir					
ihr			lieft		
sie					

Der i-Laut: i, ie, ih und ieh

7 **Löse das Worträtsel. Schreibe die Tiernamen mit *i* oder *ie* richtig auf.**

a) Welches Tier lebt am Nil?

das ....

b) Welches Tier zernagt Baumstämme?

der ....

c) Wer ist gefährlich und ziemlich groß?

der ....

d) Wer frisst am liebsten Katzenfutter und Äpfel?

der ....

e) Wer lebt in einem unterirdischen Bau?

das ....

f) Welcher Vogel heißt wie eine Obstsorte?

der ....

> Präge dir die wenigen
> Tiernamen ein, die mit „i"
> geschrieben werden.
> Führe eine Lernwortkartei
> nur für dich!

Das Dehnungs-h

REGEL

Das **Dehnungs-h** steht **nur nach einem lang gesprochenen Vokal**. Wenn du nicht weißt, wann es geschrieben wird, helfen folgende Regeln:

1. Ein **langer, betonter Vokal (a, e, i, o, u)** kann auch mit einem Dehnungs-h gekennzeichnet werden. Das Dehnungs-h wird oft geschrieben, wenn *l*, *m*, *n* oder *r* folgt.
   Beispiel: *das Mahl, zahm, der Kahn, fahren*
2. Wenn im **Wortstamm** ein Dehnungs-h geschrieben wird, dann ist das auch bei allen anderen Wörtern der Wortfamilie der Fall.
   Beispiel: *fahren – Fahrrad, Autofahrer, Ausflugsfahrt, Fahrbahn*
3. Durch die **Verlängerungsprobe** lässt sich testen, ob man ein Dehnungs-h schreiben muss.
   Beispiel: *ich geh – wir gehen, du mähst – wir mähen, oh weh! – oh wehe!*

TIPP

Präge dir durch ständiges Schreiben wichtige Wörter ein, die mit dem Dehnungs-h geschrieben werden.
Beispiel: *die Fahrt, der Rahmen, die Zahl, die Ahnung*

8 **Finde die Fehler, markiere sie und schreibe den Text dann richtig ab.**

Die Farrad–Fart ohne Gefahr

Am Freitag treffen wir uns um 16.00 Uhr am Banhof. Wir, die Klasse 6 a, wollen mit unserem Leerer Herrn Wilke eine Rahd-Tour zu den Windmülen am Hahfen unternemen. Dort werden wir uns anseen, wie das Kohrn zu Mel gemalen wird. Damit die Tour ungefärlich verläuft, wird jeder einen Helm trahgen.

9 **Ordne die Wörter unten in die Tabelle ein.**
Beispiel: *Wir wählen bald den Klassensprecher.*

~~wählen~~	Zahl	vermehren	kahl	bohren
nehmen	Ohr	Mehl	belohnen	Höhle
verhöhnen	fahren	Bühne	Ruhm	Rahmen
zahm	Zahn	Lohn	Rohr	lahm

Dehnungs-h			
vor l	vor m	vor n	vor r

10 **Setze die richtigen Buchstaben ein.**

a) (**a · ah**) (**e · eh**) (**ü · üh**) Der Müller m____lt das Me____l in der M____le.

b) (**a · ah**) (**a · ah**) (**ü · üh**) Der M____ler m____lt ein Porträt einer

ber____mten Person.

c) (**ä · äh**) (**e · eh**) Die Schneiderin n____t den Saum des G____rockes zu.

d) (**a · ah**) (**ü · üh**) Die M____lzeit im Restaurant schmeckte vorz____glich.

e) (**ö · öh**) (**a · ah**) In der H____le s____en wir viele interessante Gesteine.

f) (**ü · üh**) (**e · eh**) Auf der B____ne des Theaters tr____ten bekannte

Darsteller auf.

Like!
Zeit für einen
Mavie-Sticker!

11 Hast du einen Lernpartner oder eine Lernpartnerin? Dann notiert zu jedem Wort noch fünf weitere aus der Wortfamilie. Kontrolliert euch gegenseitig.
Beispiel: *fahren – gefahren, Fahrer, Fahrkarte, Gefahr, fahrtauglich*

die Zahl	der Lohn	der Befehl	die Höhle	das Rohr

TIPP *Unterscheide das Silben trennende h vom Dehnungs-h! Im Gegensatz zum Dehnungs-h kann man das Silben trennende h beim deutlichen Sprechen hören, z. B. bei der Infinitivendung einiger Verben.*
Beispiel: *dre-hen, se-hen, ge-hen*

12 Schreibe zu jeder Verbform den Infinitiv auf und trenne nach Silben. Sprich die Wörter laut und betone dabei die Silben.
Beispiel: *sie geht – ge-hen*

er näht – ....   sie führt – ....

es sieht – ....   er weht – ....

es glüht – ....   er verleiht – ....

sie verzeiht – ....   er mäht – ....

du stehst – ....   es blüht – ....

13 **Wörterchaos**

FEHLENOHNEMAHLWÄHLENMEHLREHNEHMENSEHENGEHEN
REIHEBOHNEWEIHEWAHRBAHREÄHNLICHNAHRUNGRUHIG

Suche in dem Wörterchaos die 17 Wörter mit Dehnungs-h.
Sprich jedes Wort dabei laut aus und betone dabei die Silben so, als wolltest du das Wort trennen. Schreibe alle Wörter untereinander ins Heft.
Suche zu jedem Wort mindestens eine sinnvolle Wortverlängerung oder eine verwandte Wortart.

Auch hier kannst du dich mit deinem Lernpartner/deiner Lernpartnerin messen: Wer findet am meisten?

E oder ä, eu oder äu?

REGEL

Wenn *ä* und *e* oder *äu* und *eu* in einem Wort kurz gesprochen werden, klingen sie genau gleich. Doch wann schreibt man welchen Laut?

1. **Wörter mit *ä*** lassen sich **oft von Wörtern mit *a*** ableiten. Gibt es in der Wortfamilie ein verwandtes Wort mit einem *a* oder *au*, schreibt man *ä* oder *äu*.
   Beispiel: *der Garten – der Gärtner, gärtnern*
   der Baum – die Bäume, aufbäumen

2. Wenn es in der Wortfamilie **kein verwandtes Wort mit *a* oder *au*** gibt, schreibt man **fast immer *e* oder *eu***.
   Beispiel: *freundlich, der Freund, befreundet, freuen*

3. Einige Wörter mit *ä* oder dem Umlaut *äu* lassen sich nicht durch verwandte Wörter erklären. Diese Wörter muss man sich einprägen.
   Beispiel:
   ä: rückwärts, der Bär, grässlich, sägen, schräg, das Geländer
   äu: die Säule, das Knäuel, sich sträuben, sich räuspern

TIPP

Beim Wort *aufwendig* sind seit der Rechtschreibreform 2006 zwei Schreibweisen möglich: **aufwändig** (von Aufwand) oder **aufwendig** (von aufwenden). Der Duden bevorzugt letztere.

14 **Finde die Fehler, markiere sie und schreibe den Text dann richtig ab.**

Piepmätze in Gefahr
Viele Vögel suchen sich in den Streuchern und Beumen heimischer Gerten ihre Nistpletze. Doch diese Orte sind gefehrdet, denn Katzen sind unterwegs. Man kann den Piepmetzen helfen, indem man an höheren Beumen Nistkesten aufhengt.

15 **Bilde verwandte Wörter**

Suche zu jedem Wort mit *ä* das verwandte a-Wort, zu jedem Wort mit *äu* das verwandte au-Wort. Schreibe die Wortpaare ins Heft.

ä-Wörter	a-Wörter
verändern	Wahl
Länge	Naht
wählen	klar
Bäcker	warm
Erkältung	Garten
Gepäck	lang
Kästen	backen
Wärme	packen
ergänzen	kalt
erklären	anders
Gärtner	Kasten
Näherin	ganz

äu-Wörter	au-Wörter
Säure	Zaun
äußerlich	sauer
du läufst	Strauch
Bäuerin	außen
Säugling	laufen
träumen	Haupt
Häuptling	Traum
Verkäufer	saugen
häufig	verkaufen
Sträucher	Haufen
Zäune	Bauer

16 **Bearbeite die Aufgaben.**

Bilde zu jeder Pluralform unten den Singular.

die Kräuter – ....   die Kräfte – ....

die Häute – ....   die Ämter – ....

die Plätze – ....   die Läden – ....

die Mäntel – ....   die Bänke – ....

die Äste – ....   die Pläne – ....

die Nägel – ....   die Gärten – ....

die Fächer – ....   die Länge – ....

E oder ä, eu oder äu?

17 **Ergänze die Wortstämme: _ä, äu_ oder _e, eu_?**

a) Der Adler be_____gt seine B_____te.

b) Das K_____lbchen wird von der B_____erin mit der Milchflasche ges_____gt.

c) Wenn es h_____te regnet, wird Jonas sich _____rgern.

d) Tats_____chlich haben auch Tiere ein gutes Ged_____chtnis.

e) Das R_____tsel besch_____ftigte ihn noch in seinen Tr_____men.

f) Es ist gebr_____chlich, sich vor dem Essen die H_____nde zu s_____bern.

18 **Was gehört zusammen? Bilde mit den Wortsilben Wörter.**

Lämmer sträu Geräusch Säge Garn Heul gräss täu häss weg krä Säuge Längen ~~Ge~~	geier ben pegel blatt knäuel suse lich schen lich räumen hen tier maß ~~spräch~~

....

....

....

....

....

....

Self-made-Diktat:
Nimm schwierige Wörter
mit dem Smartphone auf und
diktiere sie dir dann selbst.
Super Übung!

Die Doppelvokale aa, ee, oo

REGEL

Warum schreibt man lang gesprochene Vokale als Doppelvokale *aa, oo* oder *ee*? Folgende Regeln helfen dir bei der Orientierung:

1. Nur **in wenigen Wörtern** schreibt man die lang ausgesprochenen Vokale (Selbstlaute) *a, e* und *o* als *aa, ee* oder *oo*.
   Dieser Vorgang heißt **Vokalverdopplung**.
   Beispiel: *Moor, Boot, Waage, das Maar (trichterförmiger Vulkan)*

2. Doppelvokale schreibt man im Deutschen nur bei Nomen und deren (oft adjektivischen) Ableitungen.
   Beispiel: *der Aal, aalglatt, sich aalen, Aalsuppe*

3. Viele Wörter englischer Herkunft schreibt man mit dem Doppelvokal *oo*.
   Beispiel: *der Pool, der Looping, der Boom, cool*

19 **Suche zu jedem Wort das passende Reimwort.**
Beispiel: *Fee – Klee*

Saal	~~Fee~~	leer	Aal	Teer	Paar	Speer	~~Klee~~	Heer	Haar

....

....

20 **Wenn du einen Lernpartner/eine Lernpartnerin hast: Sucht Wortverwandte und notiert sie im Heft. Kontrolliert euch gegenseitig.**
Beispiel: *der Zoo: zoologisch, Zoodirektor, der Zoologe*

der Teer	der Kaffee	die Waage	das Beet
das Moor	die Idee	die Saat	die Beere

21 Übertrage die Tabelle ins Heft. Ordne die Substantive mit Begleiter ein.

aa	ee	oo

Kaff_____, P_____r, F_____, S_____, Z_____, B_____t, H_____r, _____l, St_____t,

S_____l, Schn_____, Kl_____, M_____r, Sp_____r, M_____s, B_____t, B_____re,

W_____ge

22 Buchstabensalat: Schreibe richtig.

eFe   Fee _____   osoM _____   rHaa _____

tBoo _____   oZo _____   eIde _____

aarP _____   ereBe _____   Sceehn _____

23 Notiere die Fremdwörter englischer Herkunft (ggf. mit Wörterbuch).

Wie bezeichnet man ein exklusives Schwimmbecken?   P_____l

Wie wollen viele Jugendliche sein?   c_____

Womit wäscht man sich die Haare?   Sh_____

24 Finde die Fehler, markiere sie und schreibe den Text dann richtig ab.

Drei Wünsche

Vor langer, langer Zeit, als Wünschen noch geholfen hat, lebte einmal eine Feh in einem tiefen, dunklen Seh. Von dieser hörte die kleine Nele und begab sich deswegen in den Wald und das Mohr. Sie rief: „Zeig dich, liebe Feh! Ich möchte mir gern etwas wünschen!" Da tauchte plötzlich eine Mehrjungfrau mit langem wallenden Har auf ...

ABSCHLUSSTEST

1 **Ergänze den richtigen i-Laut: *i, ie, ih* oder *ieh*?**

Krokod____le l____ben ein pr____ma Kl____ma

Krokod____le können ____re Körpertemperatur n____cht von ____nnen regeln.

S____ verbr____ngen den größten Teil des Tages dam____t, s____ch entweder

abzukühlen oder s____ch aufzuwärmen. Nach einem kühleren Bad zum Bei-

sp____l muss s____ch das Krokod____l erst einmal w____der in d____ Sonne legen.

Es l____gt dort stundenlang. Leider s____nd bereits s____bzehn von zweiund-

zwanz____g Krokod____larten vom Aussterben bedroht.

Ähnl____ch w____ die T____ger wurden s____ rücks____chtslos gejagt und getötet.

V____le Länder haben nun gez____lt geregelt, w____ v____le T____re im Jahr gejagt

werden dürfen. In manchen Reg____onen der Welt stehen s____ sogar unter

Naturschutz.

= erreichte Punktzahl / maximale Punktzahl **35**

2 **Mit oder ohne Dehnungs-h? Setze die richtigen Buchstaben ein:**
a • ah, ä • äh, e • eh, i • ih, o • oh, ö • öh, u • uh oder ü • üh.

Eine ungew____nliche Ba____nf____rt

In der Eifel k____men am verg____ngenen Wochenende Eisenb____n-Fans

auf ____re Kosten. Im R____hmen eines Dampflokspektakels wurden die alten

B____nen, welche mit K____le beheizt werden, in ____rer ganzen Pr____cht

gezeigt. P____nktlich um 10 ____r h____rte man bereits aus weiter Ferne das

Pfeifen der alten Dampfb____nen. Z____lreiche Bes____cher k____men, um die B........nen nicht nur zu bestaunen.

Viele Leute f........ren m........t den alten „D........men" und genossen das

angen........m........ Gef........l, wie vor über 60 J........ren unterwegs zu sein.

Die F........rgäste wurden mit viel schwarzem R........ß und lautem Get........se

w........rend der F........rt bel........nt. Ein Genuss fürs Auge und fürs ....r waren

die ankommenden und wieder abf........renden Loks.

Man s........ überall nur str........lende Gesichter!

maximale Punktzahl **37**   /   erreichte Punktzahl =

3 **Setze *ä, äu* oder *e, eu* richtig ein.**

N........her als jeder andere

Die Rauchschwalbe ist den M........nschen n........her als jeder andere Wildvogel.

Ohne Furcht zieht sie in die St........lle und Geb........de ein und baut hier ihr

N........st. Schwalben g........lten dem M........nschen als „Glücksboten".

Früher glaubte man fest daran, dass Schwalben die H........ser vor F........er

schützen.

In Hessen soll ein Turmw........chter die Ankunft der ersten Schwalbe mit dem

Hornbl........ser angekündigt haben. Die Rauchschwalbe n........nnt man übri-

gens auch Bauernschwalbe, denn sie nistet am liebsten in Kuhst........llen. Sie

h........lt ihrem N........st j........hrlich die Tr........e. Nur in der Wahl des Partners

sind Schwalben weniger tr........!

maximale Punktzahl **19**   /   erreichte Punktzahl =

45

4 Setze die richtige Schreibweise für die lang gesprochenen Vokale ein: *a/ah/aa, o/oh/oo* oder *e/eh/ee*.

S_____enswertes in der Eifel

Die Eifel hat n_____ben vielen Burgen und Schlössern auch noch andere

S_____enswürdigkeiten zu bieten: die z_____lreichen S_____n, M_____re (a-Laut)

sowie M_____re (o-Laut).

Die M_____re (a-Laut) prägen das Landsch_____ftsbild der Vulk_____neifel.

Sie sind erloschene Vulk_____ne, die sich im Verlauf der Erdgeschichte mit

Wasser gefüllt haben. Es gibt M_____re, die eine Tiefe von über 100 M_____tern

erreichen.

Im Hintergrund eines M_____rs (a-Laut) befindet sich oft eine vulkanisch ge-

prägte M_____rlandschaft (o-Laut). Das größte M_____r ist das H_____e Venn, ein

sogenanntes Hochm_____r. Man kann es als B_____sucher auf Holzst_____gen

erkunden. Dort soll es ang_____blich noch Waldf_____n geben, die in N_____bel-

nächten auf Kl_____wiesen herumg_____en, ihr Spiegelbild in den einsamen

Vulkans_____n betrachten und am frühen Morgen auf Fischer in ihren B_____ten

warten.

= erreichte Punktzahl / maximale Punktzahl **27**

Like!
Zeit für einen
Mavie-Sticker!

Gesamtpunktzahl
von max. **118**

Kontrolliere deine Ergebnisse mithilfe der Lösungen (Seite 118/119),
addiere dann die erreichten Punkte.

☐ 118 bis 94 Punkte: ☐ 93 bis 59 Punkte: ☐ 58 bis 0 Punkte:

Brainfood tut dem Brain gut

Müsli-Balls

Ein Tag ohne leckeres Essen ist wie ein Sommer ohne Sonne. Es ist sooo cool, sich auf Snacks oder Mahlzeiten zu freuen! Für mich ist das eine echte Belohnung. YUMMY

Mir macht schon die Zubereitung Riesenspaß. **Selbstgemacht** schmeckt's gleich doppelt gut! Und meine *super easy* und *mega tasty* Rezepte sind ganz nebenbei gut für ein fittes Gehirn. Schlau essen für 'nen klugen Kopf – STRIKE!

Müsli-Balls

Die Müsli-Balls sind echte Energiekugeln!

Poweeer!

Mische **50 g Haferflocken**, **50 g Cornflakes** und **100 g gehackte Nüsse** (z. B. Mandeln, Haselnüsse, Walnüsse …). Erwärme **80 g Honig** und **50 g braunen Zucker** in einem Topf, bis alles flüssig ist. (Vorsicht, kann sehr heiß werden!) Gib dann das **Flocken-Nuss-Gemisch** dazu. Alles guuut **verrühren**. Mit zwei Teelöffeln **Kugeln** formen und auf einem Backpapier abkühlen lassen.

4 GLEICH KLINGENDE KONSONANTEN

Die Schreibung von das und dass

1. Das Wort **das** schreibt man **mit s**, wenn es im Satz als
   - **Artikel** (das Heft, das Auto, das Kind),
   - **Relativpronomen** (... das Heft, das dir gehört ...) oder
   - **Demonstrativpronomen** (Gehört dir dieses Mäppchen? Nein, das ist nicht meins.)

   Man schreibt *das*, wenn man das Wort durch *dieses*, *jenes* oder *welches* ersetzen kann.
   Beispiel: *Das T-Shirt, das/welches sie trägt, gefällt mir.*
2. Das Wort **dass** schreibt man **mit ss**, wenn es als **Konjunktion** (Bindewort) einen Nebensatz einleitet. Die Konjunktion *dass* kann nicht durch *dieses*, *jenes* oder *welches* ersetzt werden.
   Beispiel: *Ich finde, dass du nie richtig zuhörst.*

1 Finde die Fehler, markiere sie und schreibe den Text dann richtig ab.

Die Reise nach Südfrankreich

Es ist das erste Mal, das Luisa mit ihren Eltern nach Südfrankreich verreist. Ihr Vater hat im Internet ein Ferienhaus gefunden, dass sich direkt am Meer befindet und preislich erschwinglich ist. „Dass ist eine tolle Landschaft!", jubelt Luisa, als sie das Haus auf dem Foto direkt am weißen Sandstrand sieht.

„Ich finde, dass ist ein Volltreffer!", meint Luisas Mutter und lächelt ebenfalls zufrieden. Dass Ferienhaus, dass einen blau-weißen Anstrich hat, ist von einer rot blühenden Oleanderhecke umgeben. In der Nähe befindet sich zudem ein Dorf, dass durch seine Ockersteinbrüche berühmt geworden ist.

2 Entscheide, ob du das Relativpronomen *das* (Regel 1) oder die Konjunktion *dass* (Regel 2) einsetzen musst.

a) Die neuen Nachbarn sind so flei-

ßig, da_____ wir nur staunen können.

(Regel ____)

b) Das Kind, da_____ heute zu spät in

die Schule gekommen ist, hat den Bus

verpasst. (Regel ____)

c) Katja und Tom meinen, da_____ wir

uns heute Abend am Kino treffen

könnten. (Regel ____)

d) Er beschließt, da_____ (Regel ____) wir keine Hausaufgaben aufbekommen, da

wir da_____ (Regel ____), was wir im Unterricht behandelt haben, gut verstanden

haben.

e) Wir laufen mit unseren Eltern auf dem Maar, da_____ gestern fürs Eislaufen

freigegeben wurde. (Regel ____)

f) Tina liest neuerdings ein Buch, da_____ ich ihr bereits vor einem Jahr

geschenkt habe. (Regel ____)

g) Der Hund bellt so laut, da_____ wir schnell zur Haustür laufen, um zu sehen,

was da los ist. (Regel ____)

h) Tim hat zum elften Geburtstag das Fahrrad bekommen, da_____ er sich

schon so lange gewünscht hat. (Regel ____)

3 *Dass* oder *das*?

Bilde zusammengesetzte Sätze. Entscheide, ob du den Nebensatz mit der Konjunktion *dass* (Regel 2) oder mit dem Relativpronomen *das* (Regel 1) einleiten musst. Denke außerdem an das Komma zwischen Haupt- und Nebensatz sowie an die veränderte Satzform.

a) Ich lese das Buch. Papa hat es mir empfohlen. (Regel *1*)

Ich lese das Buch, das Papa mir empfohlen hat.

b) Wir besuchen das Mädchen. Das Mädchen ist neu in unserer Schule.

(Regel   )

c) Die Freunde warten so lange. Sie werden unruhig. (Regel   )

d) Lara erinnert sich daran. Er hat sie gewarnt. (Regel   )

e) Jannik glaubt an das Versprechen. Er hat es ihm gegeben. (Regel   )

f) Findet das Versteck. Wir haben es im letzten Sommer zusammen gebaut.

(Regel   )

g) Wahrscheinlich kann es passieren. Marita kommt etwas später zum Training.

(Regel   )

Buchstaben-Bilder: Handlettering

Mir macht's Riesenspaß, wenn ich was schreibe und mein Geschreibsel richtig schön aussieht. Geht's dir auch so? Geschenkkarten, Postkartengrüße oder Tagebucheinträge werden was ganz Besonderes, wenn sie wie gemalt aussehen.

Und das kriegst du mit Handlettering hin – ich mache das total gern!

Lange Texte male ich nicht mit Handlettering, aber zum Beispiel einen Namen oder kurze Sätze, die mir wichtig sind.

Beim Handlettering geht es nicht nur um das Wort und seinen Sinn. Sondern vor allem um jeden einzelnen schön gestalteten Buchstaben. Die Wörter können mit kleinen Elementen noch verschönert werden (mit Blumen, Tropfen, Punkten, Sternen ...).

Ein Geschenk mit Handlettering ist was ganz Persönliches: Den Namen der beschenkten Person oder einen Satz lettern, abfotografieren und mit Fotodruck auf eine Tasse drucken lassen ... Fertig!
So eine Tasse gibt's garantiert kein zweites Mal.

Probier's doch auch mal aus!

Die s-Laute

REGEL

Den *s*-Laut kann man im Deutschen ganz unterschiedlich schreiben: als *s*, *ss* oder *ß*. Um zu wissen, wie man den *s*-Laut schreibt, sind drei Regeln zu beachten:

1. Ein **einfaches s** schreibt man, wenn der **s-Laut stimmhaft** („summend") ausgesprochen wird.
   Beispiel: *Besen, lesen, rasen, Riese*
2. Ein **doppeltes ss** schreibt man, wenn der **s-Laut stimmlos** („zischend") ausgesprochen wird und **hinter einem kurzen Vokal** (Selbstlaut) steht.
   Beispiel: *Riss, Wasser, essen, fassen*
3. Ein **scharfes ß** schreibt man, wenn der **s-Laut „zischend"** ausgesprochen wird und **hinter einem langen Vokal** (Selbstlaut) **oder** einem **Doppellaut** (Zwielaut, Diphthong, z. B. *au, eu*) steht.
   Beispiel: *Gruß, gießen, gefräßig, schweißen, Außenminister*

4 **Wörter mit ss im Wortinnern: Notiere die Pluralform.**

das Fa ss – die Fässer

die Klasse – ....

der Fluss – ....

das Lasso – ....

der Kuss – ....

die Gasse – ....

die Tasse – ....

die Masse – ....

5 **Wenn du einen Lernpartner oder eine Lernpartnerin hast:**
Sucht möglichst viele verwandte Wörter und kontrolliert euch gegenseitig mithilfe eines Wörterbuchs.

Fluss: flussabwärts, Flussbett, flüssig ...

Gruß: ....

Maß: ....

groß: ....

Die s-Laute

6 **Notiere das passende Reimwort.**

Fleiß – _heiß_ .... Nase – V .... heißen – r ....

niesen – ver .... Fluss – K .... nass – bl ....

Flosse – G .... süßen – gr .... Pass – F ....

Masse – K .... Kasse – T .... Kies – m ....

7 **Ergänze die fehlenden s-Laute. Sprich die Wörter vorher laut aus.**

der Fu.......ball   die Ka.......e   pa...........en

das Hinderni.......   der Spa.......   der Sü.....wa.....erfisch

die Schwanzflo.......e   das Verhältni.........   das Zeugni.........

aufwei.......en   ei.........ig   zerrei.........en

8 **Schreibe möglichst viele zusammengesetzte Nomen mit den Wörtern *Wasser* und *Fluss* ins Heft.**

Wasser: der Wasserkessel ...

Fluss: das Flussbett ...

9 **Aus ss wird s: Bilde zu jeder Pluralform unten die richtige Singularform.**

a) die Zeugnisse – Mein .... ist gut ausgefallen.

b) die Ereignisse – Wir feierten das freudige ....

c) die Verhältnisse – Im .... zu anderen geht es uns gut.

d) die Gefängnisse – Verbrecher kommen ins ....

e) die Hindernisse – Dieses .... ist schwer zu überwinden.

f) die Geständnisse – Er legte ein umfassendes .... ab.

g) die Bildnisse – Das ist ein bedeutendendes ....

10 Bilde zu jedem Infinitiv das Präsens (Gegenwart) und das Präteritum (Vergangenheit). Achte auf die richtige Schreibung des s-Lautes!

Infinitiv	Präsens	Präteritum
essen	ich esse	ich aß
messen	ich	er
fassen	du	sie
lesen	es	sie

11 Finde die Fehler, markiere sie und schreibe den Text dann richtig ab.

Die grösste Heizung der Welt
Frankreich, Deutschland, Belgien und andere
Länder müßten genausso wie Kanada oder Ruß-
land sechs Monate von Eiss und Schnee bedeckt
sein. Doch anders als bei diesen Ländern profitieren wir von der grössten Heizung der Welt: dem Golfstrom.
Diesser „Meeres-Fluß" im Atlantik tranzportiert warmes Waser
aus der Karibik nach Europa.
Dieses erwärmt unsser Klima um
etwa fünf bis zehn Grad Celssius.

Like!
Zeit für einen
Mavie-Sticker!

Konsonanten:
b oder p, g oder k, d oder t?

Die weichen Konsonanten *b*, *g* und *d* werden am Wort- und Silbenende meist wie die harten Konsonanten *p*, *k* und *t* gesprochen. Verlängere das Wort oder suche ein verwandtes Wort, dann hörst du die weichen Konsonanten *b*, *g* und *d*.

Die **Verlängerungsprobe**:
- Bilde für die Verlängerung die **Pluralform des Nomens**.
  Beispiel: *die Wan … ? – die Wände* ⇒ *die Wand*
- **Adjektive** werden für die Verlängerungsprobe **gesteigert**.
  Beispiel: *klu… ? – klüger* ⇒ *klug*
- Bilde **bei Verben den Infinitiv** für die Verlängerungsprobe.
  Beispiel: *du sa… st? – sagen* ⇒ *du sagst*

12 **Mache die Verlängerungsprobe mithilfe des Infinitivs (der Grundform) und setze dann den richtigen Konsonanten ein.**

a) sie be___t   beben   Die Erde be___te.

b) er to___t   _____ Der Hund to___te wild herum.

c) du gi___st   _____ Wir ge___en dir gerne etwas davon ab.

d) ich ma___   _____ Ich ma___ auch ein Eis, bitte.

e) wir den___en   _____ Den___st du manchmal an mich?

f) er par___t   _____ Er hat tatsächlich auf dem Fußweg gepar___t!

g) sie win___t   _____ Sie win___te uns zum Abschied noch lange zu.

13 **Bilde zuerst die Verlängerung der Adjektive.**
Setze dann den richtigen Buchstaben ein.

a) der schmutz _ig_ e Hund   Der Hund vom Nachbarn ist schmutz _ig_ .

b) der wei ..... e Weg   Der Weg bis zum Wald ist wei ..... .

c) der star ..... e Junge   Der Junge aus der 8 a ist sehr star ..... .

d) das gesun ..... e Kätzchen   Das Kätzchen von Tina ist immer noch

                                     sehr gesun ..... .

e) der spannen ..... e Film   Der Film, den wir gestern gesehen haben,

                                     war sehr spannen ..... .

f) die lästi ..... e Mücke   Die Mücke in unserem Zimmer ist

                                     sehr lästi ..... .

g) das lan ..... e Gespräch   Unser Gespräch mit dem Rektor

                                     dauerte lan ..... .

14 **d oder t? g oder k? Bilde den Plural (die Mehrzahl) jedes Nomens.**

der Her _d_ – _die Herde_ _____   die Gegen ..... – _____

das Pfer ..... – _____   der Schmie ..... – _____

der Schran ..... – _____   das Kal ..... – _____

der Bezir ..... – _____   die Han ..... – _____

der Bar ..... – _____   der Zwer ..... – _____

15 **Finde die Fehler, markiere sie und schreibe den Text dann richtig ab.**
Kint und Hunt – kein Problem
Hunde stellen eine unglaupliche Bereicherunk für unser Leben
dar. Voraussetzunk dafür ist jedoch, dass Kint und Hunt einander
verstehen. Mit Verstant und Erziehunk kann ein Hund zum echten
Pardner eines Kindes werden.

Konsonanten: b oder p, g oder k, d oder t?

16 **Bilde die Steigerungsform (Komparativ) von jedem Adjektiv und setze den richtigen Buchstaben ein.**

spannen _d_ – _spannender_   schrä ...... – ....

trü ...... – ....   elen ...... – ....

bun ...... – ....   frem ...... – ....

blan ...... – ....   star ...... – ....

lau ...... – ....   wun ...... – ....

17 **Setze den richtigen Konsonanten ein: _g_ oder _k_, _d_ oder _t_, _b_ oder _p_?**

Schla ...... sahne	erfol ...... reich	Verban ...... skasten
Stau ...... sauger	Wasserkru	Schran ...... tür
Herd ...... lappe	Schu ...... karre	Holzverschla ......
Ofenban	Küchenschran	Bildban ......
Gipsverban	Uhrwer	Meeresstran ......

Na, wer findet am meisten Wörter?

Übe mit deiner Lernpartnerin oder deinem Lernpartner: Sucht zunächst die Grundform der Wörter aus Aufgabe 17 und findet möglichst viele weitere Wörter aus der zugehörigen Wortfamilien. Ihr könnt auch im Wörterbuch nachschlagen oder im Internet suchen. Aber Vorsicht: Im Internet finden sich oft auch mal falsch geschriebene Wörter ...
Beispiel:
Schlag: schlagen, Schlagzeug, Schläge, Schläger, Schlagsahne, Schlagabtausch, Tennisschläger ...

Die f-Laute: *f, ff, v, ph, pf*

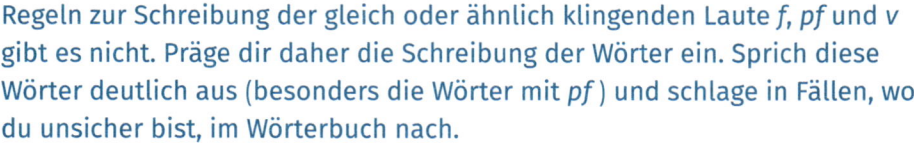

Regeln zur Schreibung der gleich oder ähnlich klingenden Laute *f, pf* und *v* gibt es nicht. Präge dir daher die Schreibung der Wörter ein. Sprich diese Wörter deutlich aus (besonders die Wörter mit *pf*) und schlage in Fällen, wo du unsicher bist, im Wörterbuch nach.
Beispiel: *Vater, Vogel, Folge, Landschaft, schaffen, laufen*

- **Fremdwörter**, die **aus dem Griechischen** ins Deutsche übernommen wurden, werden **meist mit *ph*** geschrieben, jedoch als f-Laut gesprochen.
  Beispiel: *Physik, Alphabet, Pharao, Philosophie, Phantom*
- In Wörtern aus dem Griechischen, die heute allgemein wie deutsche Wörter verwendet werden, wird das *ph* **inzwischen durch ein *f* ersetzt**. Aber auch die Schreibung mit *ph* ist nicht falsch.
  Beispiel: *Foto, Grafik, Mikrofon, Megafon, Delfin*
- Ob *f* oder *ff* geschrieben wird, lässt sich am vorausgehenden Vokal (Selbstlaut) erkennen. **Nach langem Vokal steht ein *f*, nach kurzem Vokal ein *ff*.**
  Beispiel: *wir trafen, sie treffen; Afrika, Affe, Giraffe*

18 **Finde die Fehler, markiere sie und schreibe den Text dann richtig ab.**

Unser Ausfflug in den Zoo
Vor einer Woche traffen wir uns mit Pfreunden im Leipziger Zoo. Wir waren sehr überrascht, wie gepfühlfoll und großzügig die Gehege und Fogelkäfige angelegt waren. Die Wildferde hatten so viel Platz, dass sie um die Wette lauffen konnten.

Die f-Laute: f, ff, v, ph, pf

19 **Verwende die Vorsilbe _ver_.**

........sehen   ....tauschen   ....wenden   ....erben

........albern   ....bieten   ....sorgen   ....säumnis

20 **Entscheide: _f_ oder _v_? Setze den richtigen Buchstaben ein.**

der ......ogelkäfig   das ......lugzeug   der ......erband

die ......ase   das Par......üm   der ......ers

die ......liege   der ......atertag   der ......riseur

21 **Löse das Rätsel. Setze Wörter mit _ph_ ein.**

1. Teil eines Gedichtes

S			p	

2. Siegeszeichen

T				e

3. Unterrichtsfach

P		s	

4. Straßenbelag

	s			

5. „Denker", Gelehrter

	h						

6. schlimmes Ereignis

K					p			

7. das ABC

			a		

8. Herrscher im alten Ägypten

P				o	

Z, zz oder tz, k, kk oder ck?

REGEL

Beachte zur Schreibung von *z* oder *tz* und *k* oder *ck* folgende Regeln:

1. **Nach betontem, kurzen Vokal** steht **fast immer *ck* oder *tz***.
   Beispiel: *Tatze, Katze, hetzen, platzen;*
   backen, die Hecke, Zucker, nicken

2. **Nach den Konsonanten *l, m, n* und *r*** steht **nie *tz* und nie *ck*** –
   das merk dir ja! Nur Eigennamen bilden Ausnahmen.
   Beispiel: *die Walze, der Umzug, der Anzug, der Arzt;*
   die Wolke, melken, der Balken, der Tank, der Dank, stark

3. Nur bei einigen **Fremdwörtern** werden die **Laute *k* und *z*** verdoppelt.
   Beispiel: *der Mokka, die Pizza, der Akku, das Trekking-Rad*

22 **Bilde Nomen. Findest du auch Wortverwandte?**
Beispiel: *Dreck – dreckig – verdreckt – Dreckspatz*

D	SCHR	L
R	ECK	H
FL	SP	DR

....

....

....

....

....

23 **Ein Worträtsel**
Finde 12 Wörter mit *ck* (waagerecht oder senkrecht).

Z	U	C	K	E	R	K	N	I	C	K	E	N
A	P	G	U	C	K	E	A	I	S	I	O	E
C	A	C	C	B	L	I	C	K	T	C	A	C
K	C	B	K	O	E	C	K	E	Ü	K	D	K
E	K	A	U	T	T	N	E	L	C	E	I	E
N	B	A	C	K	E	S	N	F	K	R	E	N
W	E	C	K	E	R	E	C	K	E	X	T	Z

Z, zz oder tz, k, kk oder ck?

24 **Entscheide: *z, zz* oder *tz, kk* oder *ck*?**

a) Nach einer Pi_____a schme_____t mir ein Mo_____a gut.

b) Die Ra_____ia im Bahnhofsviertel erschre_____te alle Nachbarn.

c) Der Ste_____er vom A_____uladegerät ist noch im Gepä_____.

d) Das Frühstü_____ schme_____t immer le_____er.

e) Der Bä_____er ba_____t seinen Kuchen _____u_____ersüß.

f) Der We_____er we_____te uns viel zu früh.

g) Am Ende der Wegstre_____e verste_____ten wir uns.

25 **Finde die Fehler, markiere sie und schreibe den Text dann richtig ab.**

Haustier-Alarm!

Tim wünscht sich zum Geburtstag unbedingt eine Kaze. Doch
seine Mutter ist dagegen: „Kazen zerkrazen die Sitsmöbel und
Tapeten!" Tim antwortet: „Die Tiere sind nicht schmuzig. Sie
puzen sich gern. Wenn sie einen Lieblingsplaz haben, zerkrazen
sie auch nicht die Möbel." „Und was machst du, wenn das Tier
irgendwo in einer duncklen Ecke einen toten Spaz versteckt?",
meint die Mutter nekkisch. „Ich pakke den Vogel mit der Schaufel
und werfe ihn weg. Die Kiste mit dem drekkigen Streu säubere ich
auch täglich ..."

26 Verflixt, verhext – da ist wohl was verrutscht? Streiche die Fehler an und
schreibe die Wortgruppen mit *tz* oder *ck* richtig auf.
Beispiel: *ein Schnickel essen – ein Schnitzel essen*

Mamas Nagellatz nehmen   – ....

jemand mit einem Wick netzen – ....

frische Erdbeeren einzutzern – ....

dretzige Turnschuhe pucken – ....

gern Würstchen bruckeln   – ....

ein schmerzender Batzenzahn – ....

Pläckchen batzen   – ....

lustige Fracken schneiden   – ....

den Rutzsatz patzen   – ....

27 Schreibe hinter jedes Verb das passende Nomen.
Lasse dir die Wörter anschließend diktieren und schreibe in dein Heft.

sitzen – *der Sitz* ....   melken – ....

ritzen – ....   backen – ....

hetzen – ....   sacken – ....

platzen – ....   blicken – ....

setzen – ....   verstecken – ....

strecken – ....   entdecken – ....

Vor- und Nachsilben: ent, end, ig, ich und andere

REGEL

Viele Wörter im Deutschen bestehen aus Vor- und Nachsilben.

1. Eine **Vorsilbe** ist der Teil eines Wortes, der nicht allein vorkommt, sondern vor einem Wortstamm steht.
   Man bezeichnet eine Vorsilbe als **Präfix**.
   Beispiel: *ent|lauf|en → ent = Vorsilbe;*
   weg|lauf|en → lauf = Wortstamm

2. Eine **Nachsilbe** ist der Teil eines Wortes, der an den Wortstamm angehängt ist. Man bezeichnet eine Nachsilbe als **Suffix**.
   Beispiel: *Vor|ankündi|gung, Freund|schaft, Ent|steh|ung,*
   Er|leb|nis

3. Es gibt viele Wörter, die den gleichen Wortstamm besitzen, doch unterschiedliche Vor- und Nachsilben haben. Sie haben damit auch unterschiedliche Bedeutungen.
   Beispiel: *führen: die Ent|führ|ung – die Auf|führ|rung –*
   der An|führ|er

4. Die **Vorsilbe end-** verwendet man, wenn das Wort **mit „Ende" zu tun hat**.
   Beispiel: *der Endspurt, das Endprodukt, endlich, endlos*

5. Die Vorsilbe **ent-** hat nie etwas mit „Ende" zu tun.
   Beispiel: *entsetzlich, entlang, entgegen, enthalten, entschließen*
   Manchmal weist **ent-** darauf hin, dass die **Bedeutung des Wortes z. B. „umgekehrt"** wird oder dass sie etwas mit „wegbewegen" zu tun hat.
   Beispiel: *ent|decken, ent|laufen, ent|schädigen; Ent|wässerung*

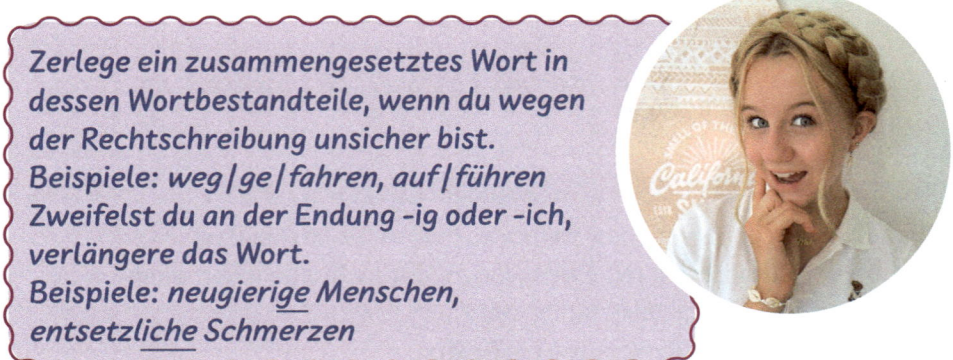

> Zerlege ein zusammengesetztes Wort in dessen Wortbestandteile, wenn du wegen der Rechtschreibung unsicher bist.
> Beispiele: weg|ge|fahren, auf|führen
> Zweifelst du an der Endung -ig oder -ich, verlängere das Wort.
> Beispiele: neugierige Menschen, entsetzliche Schmerzen

28 **Setze die Puzzleteile wieder richtig zusammen und markiere den Wortstamm.**
Beispiel: *entsetzlich*

| ~~ent-~~   unter-
Aus-   Fort-
Unter- | setz-
halt- | -lich   -sam
-ung   -ung
-er |

....

....

....

29 **Bilde aus den Verben und Suffixen Nomen.**

| bedürfen
erlauben
ereignen | -nis | bearbeiten
achten
lesen | -ung |

....

....

....

....

30 **Aus Nomen werden Adjektive**
Verwende passende Nachsilben und bilde so aus den Nomen Adjektive.
**Fleiß • Hast • Nebel • Natur • Vorsicht • Wunder • Furcht • Sparer •
Blume • Angst**

....

....

....

....

....

31 **Finde die Fehler, markiere sie und schreibe den Text dann richtig ab.**

Das endscheidende Erlebnis
Sarah und Toni sind schon seit Längerem befreundet. An diesem
Wochenende verrabredeten sich die beiden Mädchen entlich
zu einer Radtour. Sie wollten die Landschafft der malerrischen
Umgebung erkunden. Doch Sarah wartete vergeblig am verabre-
detten Treffpunkt, was sie wahnsinnich ärgerte.

....

....

....

....

....

....

....

ABSCHLUSSTEST

1 **Setze im folgenden Text *das* oder *dass* ein. Überprüfe deine Entscheidung jedes Mal mit der Ersatzprobe *(dieses, jenes, welches)*. Unterstreiche den Artikel blau, das Relativpronomen rot und das Demonstrativpronomen grün.**

Frühlingsboten

Weidenkätzchen sind die ersten, flauschigen Frühlingsboten der Natur.

Sie blühen ab Anfang März, da_____ bedeutet, da_____ die Honigbienen endlich

eine rettende Nahrungsquelle haben. Und da_____ ist besonders wichtig,

da 80 % aller Pflanzenarten von der Bienenbestäubung abhängig sind. Da_____

macht da_____ Weidenkätzchen zum sogenannten Nahrungslieferanten. Der

Zitronenfalter ist da_____ Tier, da_____ zu den allerersten Frühlingsboten zählt.

Sein Vorteil gegenüber anderen Schmetterlingen besteht darin, da_____ er

vollkommen ungeschützt an einem Zweig überwintern kann. Mithilfe seines

speziellen Blutes, da_____ aus einem Alkohol-Zucker-Gemisch und Eiweiß-

stoffen besteht, überlebt er Nächte bei minus 20 Grad. Unüberhörbar ist

da_____ Frühlingskonzert der Singvögel.

Einige Vogelmännchen sind nun mit vollen Schnäbeln unterwegs, um

da_____ Weibchen zu füttern, da_____ bereits im März die Eier bebrütet.

= erreichte Punktzahl / maximale Punktzahl **12**

2 **Setze den richtigen s-Laut ein.**

Das Fu___ballspiel

Am Sonntagnachmittag lie___t Paul plötzlich in der Zeitung, da___ um 15.00

Uhr ein Fu___ballspiel zwischen den Mannschaften seines Orte___ und des

Nachbarorte___ stattfinden ___oll.

Er stie___ durch Zufall beim Le___en der Wochenendnachrichten auf die___e

Notiz. Schnell ra___te er zur Stra___enbahn, um ja rechtzeitig zum Anpfiff auf

dem Sportplatz im Stadion zu ___ein.

Endlich hatte er die Haltestelle „Zum Stadion" erreicht. Doch wa___ war da___?

Alle Türen des Stadion___ waren verschlo___en. Keine Fan___ davor?

Verwundert und ratlo___ schaut Paul sich um. Da lie___t er plötzlich etwa___

auf einem Plakat.

Mit gro___en Buchstaben steht dort das Datum de___ kommenden Wochen-

ende___. Verdrie___lich und mi___gelaunt fährt er wieder nach Hau___e.

maximale Punktzahl **27** / erreichte Punktzahl =

3 B oder *p*? G oder *k*? D oder *t*? Setze den richtigen Buchstaben ein.

Der Ra___e und seine Lis___

Es war einmal ein großer, stolzer und star___er Ra___e.

Er le___te in einem wei___en, riesi___en Gar___en am Ran___e eines Wal___es.

Eines Ta___es fan___ der Ra___e in diesem Gar___en einen großen,

run___en Kru___. In diesem Kru___ befan___ sich ein gu___ duften___er Brei,

den die Besitzer für den Hun___ Rex gekoch___ hatten.

Doch der Ra___e konnte mit seinem Schna___el nicht in das Innere des

Kru___es gelan___en. Da nieman___ in der Gegen___ war, schlu___ er hefti___

mit seinen Flü___eln, sodass das Gefäß umfiel. Nun konnte der listi___e Kerl

genüsslich an den Brei gelan___en und fraß sich dick und run___.

= erreichte Punktzahl   /   maximale Punktzahl **34**

4 *V, f, ff, pf* oder *ph*?

Über die ___iel___alt von Hunderassen

Es gibt ___iele Hunderassen, so unge___ähr 300 ___erschiedene Arten.

Der größte ___ertreter dieser weit___erzweigten Sippschaft ist der Irische

Wol___shund. Natürlich gibt es eine ___ielfältige Auswahl an Büchern,

in denen ___iele Rassen beschrieben werden: ___i___ige, ___legeleichte

oder ___erspielte.

Die Hunderassen sind dort al___abetisch au___ge___ührt, nach Abstam-

mung oder ___erwendungszweck geordnet. ___iele Hunde___reunde

interessieren sich noch ___ordergründig für die charakterlichen

Eigenscha____ten. ____erständlicherweise interessieren sich die

meisten ____ür ____ragen und Probleme, die sich aus dem täglichen

Zusammenleben mit dem Hund ergeben. Ein Hund muss in jedem Fall hören,

wenn man nach ihm ____eift, und den Be____ehlen seiner Besitzer gehorchen.

maximale Punktzahl **27** / erreichte Punktzahl =

5 **Fülle die Lücken mit *z, tz, ck, k* oder *kk*.**

Max hat eine Verle____ung

Nach dem Frühstü____ machte Max mit seinem Freund Tom eine Wanderung.

Sie pa____ten den Ru____sa____ mit frisch geba____enem Kuchen und

le____eren Geträn____en. Dann wanderten sie dire____t in das nahe gelegene

Waldstü____.

Dort kletterten sie den Berg hinauf und verle____en sich dabei an den Dornen-

he____en, welche den Boden bede____ten. Max fühlte im rechten Bein einen

entse____lichen Schmer____. Tom rief entse____t: „Du musst dire____t zum

Ar____t!" Doch sie hatten bereits eine lange Wegstre____e hinter sich. Zum

Glü____ hatte Tom sein Handy im Gepä____. Und auch der A____ war geladen.

maximale Punktzahl **22** / erreichte Punktzahl =

6 **Vervollständige die Vor- und Nachsilben.**

Der En____spurt führte zum Sieg

En____lich findet das angekündigte Sportfest statt. Mit großer Spann____ wird

der En____lauf der besten Sprinter unserer Schule ____wartet. Als der Start-

schuss fällt, liegen Peter und Ben sofort vorn. Sie lassen die anderen Läuf____

in großer En____fern____ hinter sich. Dann kommt die En____schei____.

In letzter Sekunde zieht Ben an Peter vorbei ins Ziel.

Die En____täusch____ bei Peter ist groß.

Ben en____schuldigt sich bei ihm. Doch Peter meint: „So en____setz____ es

für mich auch ist, aber dein En____spurt war super!" Alle sind sich ein____,

beide Sportler sind würd____, eine Urkunde zu erhalten. Der Rektor fordert

die beiden freundl____ auf, auf die Tribüne zu kommen: „Wir gratulieren euch

herzl____! Mit ein wen____ Glück und gutem Training kann es jeder schaffen.

Also: Seid immer sportl____ aktiv!" Freud____ und glückl____ verlassen beide

die Tribüne. Die Veranstalt____ ist beendet.

= erreichte Punktzahl / maximale Punktzahl **25**

Like!
Zeit für einen
Mavie-Sticker!

**Gesamtpunktzahl
von max. 147**

Kontrolliere deine Ergebnisse mithilfe der Lösungen (Seite 124/125),
addiere dann die erreichten Punkte.

☐ 147 bis 118 Punkte:  ☐ 117 bis 74 Punkte:  ☐ 73 bis 0 Punkte:

DIY
Sticker your Smartphone

STICKER

Als ich vor ein paar Jahren mein erstes Smartphone bekommen habe, bin ich einigermaßen ausgeflippt. Ich durfte zwar zu Beginn noch nicht alle Funktionen nutzen, das hat mich aber kein bisschen gestört. Inzwischen ist mein Smartphone fester Teil meines Alltags (zum Beispiel für eure Shout-outs of the Day 😃).*

Hier kommt eine spitzen **DIY-Idee**, wie du deinen Mini-Computer ganz nach deinem Geschmack aufpeppen kannst:

Mit schönen Aufklebern in allen möglichen Farben und Formen kannst du die Rückseite deines Handys bekleben. Es gibt davon jede Menge im Handel, zum Beispiel in einem Shop für Bastelartikel. Wie wär's mit den gleichen Motiven für deine BFF und dich? 😃

Eine andere Möglichkeit sind Foto-Sticker mit eigenen Motiven. Solche Sticker kannst du preisgünstig online oder direkt im Laden (zum Beispiel in großen Drogerien) drucken. Das macht echt Spaß, probier's mal aus!

* Ich kann auch sehr gut ohne – eine Smartphone-Pause am Tag muss drin sein. Dann liegt's außer Sicht- und Hörweite und ich bin einfach mal ohne unterwegs.

5 WELCHES SATZZEICHEN GEHÖRT WOHIN?

Die Satzschlusszeichen

Um das Ende eines Satzes zu kennzeichnen, verwendet man folgende Satzschlusszeichen:

1. Den **Punkt** (.) setzt man am Ende eines Aussagesatzes.
   Beispiel: *Jonas hilft seinem Vater im Garten.*
2. Das **Ausrufezeichen** (!) steht am Ende eines Satzes oder nach Wörtern, die mit besonderem Nachdruck gesprochen oder geschrieben wurden, das heißt
   - bei einem Befehl: ***Geh sofort ins Haus!***
   - bei einer Aufforderung: ***Setz dich doch!***
   - bei einem Wunsch: ***Viel Glück!***
   - bei einem Ausruf der Freude: ***Wie toll! Super!***
   - bei einem Ausruf des Erstaunens: ***Was soll das!***
   - bei einem Ausruf des Bedauerns: ***Oh je!***
3. Das **Fragezeichen** (?) steht am Ende von Fragesätzen und allein stehenden Fragewörtern.
   Beispiel: *Was und wie? Warum? Wie funktioniert das?*

1 Setze das Fragezeichen oder das Ausrufezeichen.

a) Wie oft rufst du mich an......

b) Erinnerst du dich etwa nicht......

c) Kommst du mal sofort her......

d) Was essen wir heute zum Abendbrot......

e) Gehen wir dann zum Nachbarn......

f) Machst du bitte die Tür zu......

2 Ordne die Satzteile so an, dass ein Aussagesatz entsteht.
Es gibt mehrere Möglichkeiten. Schreibe ins Heft.
Beispiel: *Brei • kocht • Mama • für • Baby • das*
1. Mama kocht für das Baby Brei.
2. Für das Baby kocht Mama Brei.
3. Mama kocht Brei für das Baby.

a) grillen • heute Abend • wir • wollen
b) spielt • seinem • kleinen • Ball • Thomas • Bruder • mit
c) Katja • beim • morgen • Chorauftritt • mit • singt
d) nächste • fahren • Urlaub • den • in • nach • wir • Woche • Rom

3 Entscheide, ob du das Ausrufezeichen
oder den Punkt setzen musst.

> **TIPP**
> Am Ende eines
> Aufforderungs- oder Wunsch-
> satzes kann anstelle des
> Ausrufezeichens auch ein Punkt
> stehen, wenn die Sätze mit
> Nachdruck gesprochen werden.

a) Vogeleltern versorgen ihre Jungen,

auch wenn sie aus dem Nest gefallen

sind......

b) Lasst die kleinen Nestflüchtigen an Ort und Stelle......

c) Bitte setzt Vögel, die auf einer Straße hocken, abseits an eine geschützte

Stelle......

d) Wenn ein kleiner Vogel völlig verhungert und durchnässt ist, sollte man ihn

mitnehmen......

TIPP

Kein Fragezeichen steht nach Sätzen, die wie ein Fragesatz aufgebaut sind, jedoch nur einen **Ausruf** oder eine **Aufforderung** beinhalten. Hier musst du aufpassen und sie von der normalen Frage unterscheiden.

Beispiel:

Ausruf / Aufforderung in Frageform	Frage
Was hast du wieder kaputt gemacht!	Wer hat das kaputt gemacht?
Geht ihr jetzt bitte!	Wann geht ihr?

4 **Finde die Fehler, markiere sie und schreibe den Text dann richtig ab.**

Was tun mit Nestflüchtern!

Im Frühling ist bei vielen Tieren Kinderstubenzeit angesagt So auch bei den Vögeln! Was ist zu tun, wenn man unterwegs am Wegesrand ein putziges, hilfloses Federknäuel findet. Instinktiv regt sich bei vielen Menschen Mitleid: Armes Vögelchen. Und man fasst den Entschluss, es mitzunehmen und zu Hause aufzupäppeln Falsch? Bei fast allen Vogelarten verlassen die Jungen den Brutplatz schon, bevor ihr Gefieder vollständig ausgewachsen ist und sie richtig fliegen können. Werden diese Nestflüchter von den Vogeleltern versorgt. Ja? Deshalb soll man Jungvögel dort belassen, wo sie sind.

Like!
Zeit für einen
Mavie-Sticker!

FUN FOOD

Essen macht Spaß, Leute!

Wir sind zwar alle aus dem Kindergeburtstagsalter raus – aber hey! Spaß beim Essen geht immer. Hier kommen die besten meiner Funfood-Ideen. Nachmachen und mit deiner BFF snacken – für doppelten Spaß!

Schneeballschlacht unter Schneemännern

Das brauchst du: Kräuterquark, Mini-Mozzarellakugeln, rote Paprika, ganze Pfefferkörner oder schwarze Oliven, Kirschtomaten, Zahnstocher

Verteile erst den Kräuterquark auf einem großen flachen Teller. Das ist der **Schnee**, vermischt mit etwas Gras – so viel Schnee fällt ja meistens nicht und man kann ein bisschen Gras durch die Schneedecke schimmern sehen. 😜

Jetzt werden die **Schneemänner** gebaut: Mit den Zahnstochern stichst du durch drei Mini-Mozzarellakugeln, sodass sie übereinanderstehen. Damit der Schnee-mann nicht umfällt, schneide die unterste Kugel gerade ab.
Für die Nase schneidest du einen Streifen rote Paprika zu und bohrst ihn in der obersten Kugel ins „Gesicht".
Für Augen, Mund und Knöpfe am Bauch kannst du entweder Olivenstückchen zuschneiden oder du nimmst Pfefferkörner – dann aber Vorsicht beim Zubeißen!
Zuletzt bekommt der Schneemann einen Hut aus einer halben und entkernten Kirschtomate.

Wenn du zwei oder drei Schneemänner fertig hast, stellst du sie in die Quark-Schnee-Wiese. Die übrigen Mozzarellakugeln schichtest du zu **Schneeballhaufen** auf.

Mit einer Scheibe knusprigem Baguette ist die Schneeballschlacht ein echt cooler Snack – nicht nur im Winter!

REGEL

1. Wenn zwei oder mehrere Hauptsätze aneinandergereiht sind, nennt man dies eine **Satzreihe**. Zwischen den Hauptsätzen einer Satzreihe setzt man stets ein Komma.
   Beispiel: *Wir fliegen nicht nach Köln, wir fahren nach Berlin.*
   Wach auf, lauf, schrei nicht!
   Zum Hintergrund: Ein Hauptsatz ist ein Satz, der allein stehen kann.
   Er enthält mindestens ein Subjekt und ein Prädikat *(Er liest.)*,
   bei Imperativsätzen auch nur ein Prädikat *(Lies!)*.
2. Hauptsätze (HS) können mit einer nebengeordneten **Konjunktion**
   (da, oder, aber, denn, sondern) eingeleitet werden. Auch hier wird ein Komma zwischen die Hauptsätze, das heißt vor die Konjunktion gesetzt.
   Beispiel: *Tanja liest nicht gern Krimis, sondern sie liest lieber Abenteuer-bücher.*
3. Bei den Hauptsätzen, die mit *und*, *oder* bzw. *wie* verbunden werden, kann man ein Komma setzen, um die Teilsätze zu verdeutlichen.
   Man muss es aber nicht.
   Beispiel: *Leon liest oft Fantasy-Bücher (,) und er spielt gern Rollenspiele.*

5 **Finde die Fehler, markiere sie und schreibe den Text dann richtig ab.**

Die Bremer Stadtmusikanten

Es war einmal ein Mann der hatte einen Esel. Der hatte ihm schon lange Jahre unverdrossen die Säcke in die Mühle getragen er war stets fleißig und fügsam. Nun aber gingen die Kräfte des Esels zu Ende er taugte nicht mehr zur Arbeit.

Da dachte der Herr daran, ihn wegzugeben. Der Esel merkte dies jedoch er lief fort und machte sich auf den Weg nach Bremen.

Er meinte dort könne er ja Stadtmusikant werden.

6 **Kennzeichne die Hauptsätze, indem du – wenn notwendig – das Komma setzt. Unterstreiche jeweils die Konjunktion.**

Achtung: Ein Satz kann aus mehreren Hauptsätzen bestehen.

a) Der Esel ging schon eine Weile da fand er einen Jagdhund am Wege.

b) Der Jagdhund lag jämmerlich dort er heulte laut.

c) Er heulte denn sein Herr wollte ihn erschießen lassen da er angeblich nichts taugte.

d) Da er erschossen werden sollte hatte er Reißaus genommen.

e) Er fragte sich wie es weitergehen solle.

f) Der Esel munterte ihn auf denn er forderte ihn auf mitzukommen.

g) Der Esel wollte in Bremen die Laute spielen und der Hund sollte die Pauke schlagen.

h) Damit war der Jagdhund einverstanden da gingen sie zusammen weiter.

i) Die zwei fassten gemeinsam neuen Mut sie waren gut gelaunt.

j) Sie gingen zügig, denn sie sahen weit in der Ferne die Türme der Stadt.

7 **Bilde aus den Wortgruppen Satzreihen, die aus zwei Hauptsätzen bestehen. Benutze dabei die Konjunktionen *da*, *denn* oder *doch*. Schreibe ins Heft.**

Beispiel: *trafen Katze • Katze machte mieses Gesicht*
Sie trafen eine Katze, doch die Katze machte ein mieses Gesicht.

a) Katze konnte keine Mäuse mehr jagen • Frau wollte sie ersäufen

b) wollte davonschleichen • war ratlos und traurig

c) der Esel und der Hund trösteten • luden die Katze ein mitzukommen

d) wollten in Bremen Nachtmusik machen • die Katze fand die Idee gut

e) Katze ging mit den beiden • alle waren gut gelaunt

f) ein Haushahn saß an einem Hof auf dem Tor • er war nicht froh

g) der Haushahn hatte Angst • die Köchin hatte seinen Tod befohlen

Das Komma zwischen Haupt- und Nebensatz

REGEL

1. Werden ein **Hauptsatz** und ein **Nebensatz** zusammengefügt, nennt man dies **Satzgefüge**. Zwischen Hauptsatz und Nebensatz setzt man stets ein **Komma**.
   Zum Hintergrund: Ein Nebensatz kann nicht allein stehen. Er ist immer vom Hauptsatz abhängig. Im Nebensatz steht die finite Verbform (gebeugte Verbform) an letzter Stelle des Satzes.
   Beispiel: *Ich fahre gern Rad, weil es mir gefällt.*
   Hauptsatz (HS)   Nebensatz (NS) mit gebeugter Verbform

2. Nebensätze werden oft eingeleitet durch
   - untergeordnete Konjunktionen: **weil, wenn, dass, obwohl ...**
   - Relativpronomen: **der, die, das, welcher, welche, welches ...**
   - Fragepronomen: **wer, wie, wo, warum ...**

3. Nebensätze, die ein Nomen (Bezugswort) näher erklären, nennt man **Relativsätze**. Sie beginnen mit dem **Relativpronomen** *der, die, das* oder *welcher, welche, welches.*

4. Ein Nebensatz kann
   - vor dem Hauptsatz stehen (vorangestellter Nebensatz).
     Beispiel:
     Wenn du fleißig trainierst, wirst du gut laufen können.
     Nebensatz (NS)   Hauptsatz (HS)
   - in einen Hauptsatz eingefügt werden (eingefügter Nebensatz).
     Beispiel:
     Die Arbeit, die die Klasse zurückbekam, war gut ausgefallen.
     (HS)   Nebensatz (NS)   Hauptsatz (HS)
   - hinter einem Hauptsatz stehen (nachgestellter Nebensatz).
     Beispiel:
     Er nahm sein Buch mit, da er noch lernen musste.
     Hauptsatz (HS)   Nebensatz (NS)

8 **Finde die Fehler, markiere sie und schreibe den Text dann richtig ab.**

Die vier Bremer Stadtmusikanten und das Räuberhaus

Als es dunkel wurde beschlossen die vier Bremer Stadtmusikanten im Wald zu übernachten. Sie versteckten sich in einer hohen Tanne welche am Waldrand stand. Ehe der Hahn einschlief sah er sich noch einmal nach allen vier Windrichtungen um. Da bemerkte er einen Lichtschein der von einem Haus stammen könnte das sich in der Nähe des Waldes befand. Der Esel meinte dass sie sich doch alle zu diesem Haus aufmachen sollten. Er fand dass ihre derzeitige Herberge schlecht sei. Auch der Hund meinte dass ihm ein paar Knochen mit Fleisch gut tun würden. Also machten sie sich auf den Weg in die Richtung aus der das Licht kam.

> **TIPP**
>
> Achte bei der Bildung oder **Bestimmung von Nebensätzen** immer auf ihre **Merkmale**. Nebensätze
> – haben häufig ein Einleitewort,
> – ihre finite Verbform (gebeugte Verbform) steht am Satzende,
> – und sie können, anders als der Hauptsatz, nicht für sich allein stehen.

9 **Umkreise in den folgenden Satzgefügen das Relativpronomen und unterstreiche die Wörter, auf die es sich bezieht. Setze die Kommas.**
Beispiel: *Der Esel,* der *am größten war, stand unten.*

a) Der Hund welcher halb verhungert war folgte den Freunden.

b) Die Katze die keine Mäuse mehr fing gesellte sich zu den beiden.

c) Und der Hahn der im Suppentopf landen sollte war glücklich weiterleben zu dürfen.

d) Die vier Tiere die sich sofort einig waren zogen nach Bremen.

e) Der Wald den sie durchqueren mussten war sehr groß.

f) Sie erblickten ein Haus aus welchem laute Geräusche kamen.

g) Das Haus das den Räubern gehörte sollte ihre Nachtherberge werden.

10 Bilde Satzgefüge: Suche den passenden Satz und das richtige Einleitewort.
Formuliere jeweils einen Nebensatz und Hauptsatz.
Achte auf die Stellung der Prädikate und auf die Kommasetzung.
Beispiel: *Der Esel war der Größte. / Er stellte sich mit den Vorderhufen auf das Fenster. (weil)*
→ *Weil der Esel der Größte war, stellte er sich mit den Vorderhufen auf das Fenster.*

a) Der Esel hatte das getan. • Der Hund kletterte auf seinen Rücken. (nachdem)
b) Der Hund stand gerade. • Die Katze setzte sich auf ihn. (als)
c) Der Hahn war der Kleinste. • Er flog auf den Kopf der Katze. (weil)
d) Sie fingen auf ein Zeichen an zu musizieren. • Die Räuber erschraken sich furchtbar. (sodass)
e) Die Tiere musizierten lautstark. • Die Räuber verließen schreiend das Haus. (weil)

11 Bilde mithilfe der Stichwörter und der vorgegebenen Satzmuster (HS + NS) mit dem Einleitewort Satzgefüge. Schreibe ins Heft.
Unterstreiche den Nebensatz. Achte auf das Komma.
Beispiel: *sahen Licht heller durch den Wald schimmern • gingen direkt darauf zu • weil (NS – HS)*
→ *Weil sie das Licht heller durch den Wald schimmern sahen, gingen sie direkt darauf zu.*

a) kamen an ein Haus • stand genau vor ihnen • das (HS – NS)
b) der Esel war am größten • konnte durch eines der Fenster schauen • weil (NS – HS)
c) rief erschrocken • im Haus seien Räuber • dass (HS – NS)
d) Esel erzählte • er könne einen Tisch sehen • der sei mit Essen und Trinken gedeckt • dass (HS – NS – NS)
e) die Räuber • saßen um den Tisch herum • ließen es sich gut gehen • welche (HS – NS – HS)
f) da Hahn sprach • das wäre etwas für sie vier • dass (HS – NS)
g) daraufhin Tiere überlegten • sie könnten tun • was (HS – NS)
h) sie hatten nachgedacht • ist etwas Tolles eingefallen • nachdem (NS – HS)

Kommas und Zeichensetzung bei wörtlicher Rede

REGEL

Wenn in einem Text etwas gesagt oder gefragt wird, musst du die wörtliche Rede in Anführungszeichen („ … ") setzen. Je nach Stellung der wörtlichen Rede im Satz ist auch die Kommasetzung erforderlich.
Beachte dazu folgende Regeln:

1. Wenn der Redebegleitsatz **vor** der wörtlichen Rede steht (**vorangestellter Begleitsatz**), leitet ein Doppelpunkt die wörtliche Rede ein.
   Beispiel: *Er sagte: „Ich komme um vier Uhr zu Besuch."*

2. Wenn der Redebegleitsatz **hinter** der wörtlichen Rede steht (**nachgestellter Begleitsatz**), wird er durch ein Komma abgetrennt.
   Beispiel: *„Ich komme um vier Uhr zu Besuch", sagte er.*

3. Wenn der Redebegleitsatz die wörtliche Rede **unterbricht (eingeschobener Begleitsatz)**, steht vor und nach dem Redebegleitsatz ein Komma.
   Beispiel: *„Ich komme um vier Uhr zu Besuch", sagte er, „versprochen ist versprochen."*

4. Punkt, Frage- oder Ausrufungszeichen stehen immer dann vor dem zweiten Anführungszeichen, wenn sie zur wörtlichen Rede gehören.
   Beispiel: *Sie fragte: „Kommt er um vier Uhr zu Besuch?"*
   „Halten Sie den Dieb!", rief die ältere Dame den Passanten zu.

12 **Setze die fehlenden Satzzeichen.**

Uta ruft Tanja an Stimmt es, dass wir bald einen Aufsatz schreiben Ja, wir schreiben einen Märchen-Text antwortet Tanja. Können wir uns das Märchen selbst ausdenken fragt Uta. Den größten Teil schon meint Tanja wir bekommen nur einen Märchenanfang vorgegeben. Hoffentlich kommt auch etwas mit einem Prinz vor lacht Uta.

13 Verbinde die Begleitsätze mit der passenden wörtlichen Rede.
Schreibe die Sätze mit vorangestelltem Begleitsatz und der richtigen
Zeichensetzung in dein Heft.
Schreibe die Sätze so um, dass der Begleitsatz nachgestellt ist.
Beispiel: *Oma ist ratlos: „Wo ist meine Lesebrille?"*
            „Wo ist meine Lesebrille?", fragt Oma ratlos.

Oma fragt ratlos ☑	☐ Der Grill ist ja noch schmutzig!
Papa schimpft ☐	☐ Wenn der weiße Flieder wieder blüht!
Opa singt ☐	☐ Passt dir diese Jeanshose?
Der Verkäufer fragt ☐	☐ Heute Abend grillen wir Steaks.
Mama ruft ☐	☐ So einen lustigen Film habe ich lange nicht gesehen!
Tanja lacht ☐	☑ Wo ist nur meine Lesebrille?
Uta sagt ☐	☐ Die Steaks sind fertig!

14 Unterstreiche die Redebegleitsätze mit rot, die wörtliche Rede blau.
Notiere, ob der Redebeleitsatz vor-, nachgestellt oder eingeschoben ist, und
korrigiere gegebenenfalls die Kommasetzung.

Beispiel: „Na", fragt Theo, „wie war dein Tag?"   eingeschoben

a) „Toll" antwortete Hannes „wieso fragst du?" ....

b) Theo blickt ihn an: „Ach, nur so!" ....

c) „Und wie war dein Tag?" fragt Hannes. ....

d) „Wir hatten heute viel Stress" antwortete Theo

„weil wir einen Aufsatz geschrieben haben." ....

e) Hannes fragt: „Über welches Thema?" ....

f) „Über Märchen ...!" antwortet Theo. ....

15 Ergänze die Satzzeichen und Anführungszeichen im Satz unten.
Notiere den Satz im Heft mit dem Begleitsatz nach und zwischen der
wörtlichen Rede. Achte auf die richtige Zeichensetzung.

Luis rief begeistert Mir macht es Spaß, mir Märchen und Geschichten
auszudenken

16 Schreibe den Text mit richtigen Anführungs- und Satzzeichen ab.

Die Flucht der Räuber
Als die vier Bremer Stadtmusikanten die Räuber in die Flucht
getrieben hatten, meinte der Esel Kommt, Freunde, lasst uns an
dem schön gedeckten Tisch Platz nehmen Da setzen sich die vier
und genossen die Speisen.
Die Katze sagte Hm, die Soße schmeckt köstlich und der Hund
schmatzte Der Knochen mit den Fleischresten ist eine wahre
Köstlichkeit. Als sie fertig waren, löschten sie das Licht.
Kommt, lasst uns eine Schlafstatt finden forderte der Esel auf.
Ja, jeder sucht sich aus, was ihm am besten gefällt stimmte der
Hahn zu.

ABSCHLUSSTEST

1 Schreibe den Text ab und **setze die erforderlichen Satzschlusszeichen.**
Schreibe den anschließenden Satzanfang groß.

Wie füttert man Vogelkinder richtig ......

Wer ein Vogelkind aufziehen will, muss viel Zeit mitbringen ...... die Tiere

erleiden schwerste Schäden, wenn die richtigen Fütterungsabstände nicht

eingehalten werden ...... Futter für Singvögel kann ein zerkleinerter Haferbrei,

Magerquark oder geriebener Zwieback sein ...... doch wie oft sollte man

füttern ...... Experten raten, den kleinen Piepmätzen alle halbe Stunde das

Futter mit einer Pinzette zu verabreichen ...... und was ist mit kleinem Getier

als Futterbeimengung ...... Fliegen, Spinnen und Raupen können ebenso in den

Futterbrei ......

= erreichte Punktzahl   /   maximale Punktzahl **11**

2 **Achte auf die Satzreihen und setze die fehlenden Kommas richtig ein.**
Unterstreiche die Konjunktionen. Setze die Kommas, die nicht zwingend
erforderlich sind, in Klammern.

Die vier Stadtmusikanten

Der Hahn wurde vom Esel aufgefordert mitzukommen da er von der Bäuerin

seines Hofes geschlachtet werden sollte. Die Gäste würden den Hahn zum

Mittagessen bekommen da solle er lieber aus vollem Hals schreien und in

Bremen auftreten.

Der Hahn willigte ein denn er fand den Vorschlag herrlich. Er freute sich auf

Bremen da er musizieren wollte. Sie konnten die Stadt nicht an einem Tag erreichen doch auch da hatten sie eine Idee. Sie kamen abends in einen Wald dort wollten sie übernachten. Der Esel und der Hund legten sich unter einen großen Baum und die Katze kletterte auf einen Ast. Der Hahn flog bis in den Wipfel dort war es für ihn am sichersten. Der Mond schien und die Sterne funkelten. Langsam wurden die Tiere müde und wollten von der großen Stadt träumen.

maximale Punktzahl **13**   /   erreichte Punktzahl =

3 **Unterstreiche alle Nebensätze und setze die fehlenden Kommas.**

Die Bremer Stadtmusikanten

Nachdem sie alle vier so laut geschrien und musiziert hatten stürzten sie durch das Fenster in die Stube hinein. Die Räuber erschraken sich derartig dass sie mit lautem Gebrüll in die Höhe fuhren. Sie meinten ein Gespenst käme herein. Daraufhin flohen sie in großer Furcht in den Wald hinaus wo sie um ihr Leben liefen. Die vier Gesellen setzen sich an den Tisch welcher ja reichlich mit edelsten Speisen gedeckt war. Jeder aß nach Herzenslust von den Speisen die ihm am besten schmeckten. Als sie fertig waren löschten sie das Licht aus. Der Esel meinte dass sich jeder eine Schlafstelle nach seinem Geschmack aussuchen solle. Der Esel legte sich auf den Mist da verkroch sich der Hund hinter der Tür. Weil die Katze es warm haben wollte rollte sie sich auf dem warmen Herd zusammen. Der Hahn flog auf das Dach.

maximale Punktzahl **10**   (0,5 Punkte für Kommas, 0,5 Punkte je erkannten Nebensatz/   erreichte Punktzahl =

4 **Ergänze die Anführungszeichen und Satzzeichen der wörtlichen Rede.**

Die Räuber kehren zurück

Die Bremer Stadtmusikanten schliefen nach einem guten Mahl genüsslich

ein. .... Schön, so gut gegessen zu haben .... dachte sich der Esel und schloss

zufrieden die Augen. Die Räuber jedoch beobachteten ihr Räuberhaus aus

sicherer Entfernung. .... Seht doch .... murmelte einer ....

.... im Haus brennt kein Licht mehr. .... Wir hätten uns doch nicht so einfach

ins Bockshorn jagen lassen sollen! .... sprach der Hauptmann.

Und zu einem seiner Räuber rief er .... Sieh nach, ob jemand im Haus ist. ....

In der Küche wollte der Räuber ein Schwefelhölzchen an glühenden Kohlenau-

gen anzünden. Da sprang ihm die Katze ins Gesicht und kratzte ihn .... Hier, du

garstiger Räuber. .... Der Hund biss ihn ins Bein.

.... Aua, verdammt, du Ungeheuer .... Der Räuber rannte aus dem Haus.

Dort bekam er vom Esel noch einen Tritt.

Und der Hahn schrie .... Kikerikie! Kikerikie ....

= erreichte Punktzahl / maximale Punktzahl **17**

Like!
Zeit für einen
Mavie-Sticker!

Gesamtpunktzahl
von max. **51**

Kontrolliere deine Ergebnisse mithilfe der Lösungen (Seite 128/129),
addiere dann die erreichten Punkte.

☐ 51 bis 40 Punkte: ☐ 39 bis 25 Punkte: ☐ 24 bis 0 Punkte:

DIY
Smell & Smile

Ich habe einen easy Trick, wie du mit frischen Früchten dein Zimmer nasenfreundlich dekorieren kannst:

Du brauchst **Zitrusfrüchte**, also zum Beispiel Zitronen, Limetten, Orangen oder Mandarinen.

Schütte einen **halben Liter Wasser** in einen Topf. Gib dann die Scheiben einer halben **Zitrone** dazu, eine **Vanilleschote** und, wenn du magst, einen Zweig frischen **Rosmarin**.

Das Ganze muss einmal aufkochen. Temperatur etwas herunterdrehen und dann **10 bis 12 Minuten köcheln** lassen.

Achtung!
Heißes Wasser, heißer Topf!

Gerüche können ja was Schönes sein – oder echt ätzend. Wenn's irgendwo gut riecht, fühle ich mich automatisch wohler. Meine Nase scheint mit meinem Wohlbefinden eng befreundet zu sein.

Schütte den **Duft** dann ohne Früchte, Schote und evtl. Rosmarinzweig in kleine Schalen und verteile sie im Raum.

(**Vorsicht** mit Haustieren! So hinstellen, dass sie die Schälchen nicht ausschlabbern oder umwerfen – nicht waaahr, Linda? *Miauuu*)

6 WIE TRENNT MAN RICHTIG?

Wie trennt man Wörter am Zeilenende richtig?

1. **Mehrsilbige Wörter** werden **nach Sprechsilben getrennt**. Sprich die Wörter langsam aus und betone dabei die einzelnen Silben.
   Beispiel: *ich schaf-fe, aber: die Scha-fe; ken-nen, aber: ken-tern wis-sen, aber: die Wie-se*

2. Ein **einzelner Vokalbuchstabe am Wortanfang** darf **nicht abgetrennt** werden.
   Beispiel: *das Ufer, der Ofen, der Igel, der Esel*

3. Werden die Buchstabenverbindungen ***ck, ch, sch* wie ein Laut** gesprochen, dürfen sie nicht getrennt werden.
   Beispiel: *le-cker, Tü-cher, Du-sche*

4. Die Konsonantenverbindungen *st, sp* oder *ss* werden getrennt.
   Beispiel: *Kis-te, Pis-te, Kas-ten, Ris-pe, Wes-pe, Was-ser*

5. **Fremdwörter** können sowohl nach den Silben der Herkunftssprache als auch nach Sprechsilben getrennt werden.
   Beispiel: *Ab-itur / Abi-tur, He-li-kop-ter / Heli-kop-ter*

6. Schwierige Wörter wie *einander, warum, darum* und *hinauf* können in **zwei Varianten** getrennt werden.
   Beispiel: *hin-auf / hi-nauf, ein-an-der / ei-nan-der, dar-um / da-rum, war-um / wa-rum*

7. Man sollte Wörter immer so trennen, dass **keine Missverständnisse oder lesehemmende Trennungen** vorkommen.
   Beispiel: *See-ufer statt Seeu-fer, Bank-ende statt Banken-de, Töpfe-rei statt Töpfer-ei*

1 Schreibe die folgenden Wortpaare mit den richtig gesetzten Trennungs-
strichen auf. Sprich die Wortsilben laut und langsam mit.
Beispiel: *lassen – sie lasen → las-sen – sie la-sen*

wir pfiffen – wir pfeifen ....

stellen – stehlen ....

die Rassen – der Rasen ....

Schwämme – die Schwärme ....

die Kämme – sie käme ....

die Kelle – die Kehle ....

wissen – die Wiesen ....

2 Welche getrennten Wortteile gehören zusammen? Suche die passende
Endsilbe und schreibe diese, wo möglich, mit dem Trennungsstrich in
dein Heft.
Hinweis: Die Endsilben können mehrmals verwendet werden.
Beispiel: *Ba-cke*

Zu	me	di	Bä
ro	le	Ro	ni
Ho	A	Zi	Krü
He	~~Ba~~	sa	

Endsilben

cken	cker
cker	ck
ckern	cke	ck

3 Trenne die folgenden Wörter durch senkrechte Striche.

Kette   Tropfen   Hitze   Karpfen

Deutscher   Straße   Auge   Besteck

Pappe   Sachen   Städte   Mütze

Kasten   Hopfen   Kiste   Hetze

4 Manche Wörter lassen sich auf zwei Arten trennen (**Regeln 5 und 6, Seite 88**).

hin-auf   oder   ....

ein-an-der   oder   ....

wa-rum   oder   ....

da-rum   oder   ....

Sig-nal   oder   ....

Mag-net   oder   ....

Feb-ruar   oder   ....

Zyk-lus   oder   ....

5 Die folgenden Wörter sind falsch getrennt. Schreibe die richtige Trennung daneben.

Ank-er ....   Mus-ik ....

Wäs-che ....   Hot-el ....

Tasch-e ....   Loc-ke ....

Ka-tze ....   Ta-tze ....

Tro-pfen ....   Risp-e ....

E-ber ....   Fa-brik ....

6 Trenne die Wörter so, dass sie verständlich bleiben (**Regel 7**).
Beispiel: *falsch: → Spargel-der; richtig: → Spar-gelder*

Spieleröffnung   Bauerzeugnisse   Bucheinband   Teeernte

Bilderklärung   Teebaumplantage   Blumentopferde   Kaffeegenuss

Waschanlage   Meeresfische   Zooorchester   Flusssand

Bei zusammengesetzten Nomen mit drei gleichen Buchstaben trennt man am Ende des ersten Wortes, damit das Wort lesbar bleibt.
***Beispiel:** Kaffee-ersatz statt Kaf-feeersatz*

7 Sprich die schwierigen Wörter laut. Gliedere sie in Sprechsilben.
Beispiel: *Geburtstagskuchen → Ge-burts-tags-ku-chen*

Computerbildschirm ....

Postbriefkastenentleerung ....

Briefmarkensammelalbum ....

Seifenkistenrennen ....

Regenschirmständer ....

8 **Schreibe die Wörter richtig mit dem Silbentrennstrich auf.**

HEREI   *Rei-he* ....   ENREßI ....

EÄUBM ....   ERRATS ....

EATZT ....   LENHTSUHL ....

LEMMES ....   LÖTEBUAME ....

FERKÄ ....   NMUMRSOLE ....

9 **Kreuze die richtige Silbentrennung an. Nimm das Wörterbuch zur Hilfe.**

a) ☐ Pfef-fer-kö-r-ner   b) ☐ A-qua-r-ium

     ☐ Pfef-fer-kör-ner   ☐ A-qua-ri-um

     ☐ Pfe-f-f-erk-ör-ner   ☐ Aqua-ri-um

c) ☐ Zu-cker-ku-chen   d) ☐ Co-mp-u-ter-tasta-tur

     ☐ Zuc-ker-kuc-hen   ☐ Com-pu-ter-tas-ta-tur

     ☐ Zu-cker-ku-ch-en   ☐ Compu-ter-tas-ta-tur

Ready to sketch –
Seite zum Fertigmalen

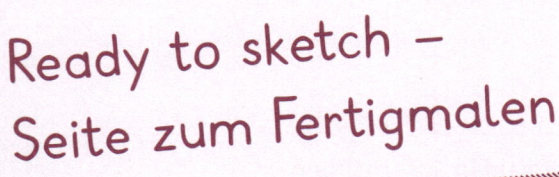

Laaangweiliger Nachmittag? Warten auf den Bus?
Deine Freundin verspätet sich und kommt und kommt nicht?

Vertreib dir die Zeit mit dieser Seite zum Fertigmalen!

Wenn ich damit erstmal anfange, kann ich meistens gar nicht
wieder aufhören ...
Und dann ist der Nachmittag plötzlich kein bisschen mehr
langweilig, im Bus kann ich super weitermalen und wenn meine
Freundin endlich da ist, schenke ich ihr mein Kunstwerk.

So ein flauschiges
Katzenknäuel sollte
nicht allein auf dem
Sofa chillen ...

6 Wie trennt man richtig?

ABSCHLUSSTEST

1 **Verbessere die Fehler. Schreibe die richtige Worttrennung darunter.**
Beispiel: *falsch: Semm-el, richtig: Sem-mel*

a) e-le-gant

b) Ti-schka-nte

....

c) Zuc-ker-dos-e

d) Te-nni-s-schl-äger

....

e) Spo-rt-ruc-k-sa-ck

f) Wit-ze-erz-ähl-er

....

g) La-nge-weil-e

h) Rie-se-n-rad

....

i) zi-sch-en

j) Ka-tzen-ko-rb

....

k) So-mm-er-fest

l) I-gel

....

m) Kar-pf-en-teich

n) Nag-el-f-eile

....

o) Dusch-e

p) Te-rm-in-kal-en-der

....

maximale Punktzahl **16** / erreichte Punktzahl =

Kontrolliere deine Ergebnisse mithilfe der Lösungen (Seite 131),
addiere dann die erreichten Punkte.

☐ 16 bis 13 Punkte: 😃   ☐ 12 bis 8 Punkte: 😐   ☐ 7 bis 0 Punkte:

Gesamtpunktzahl
von max. **16**

7 ACHTUNG: FREMDWÖRTER!

REGEL

Die Schreibung von Fremdwörtern gehört nach wie vor zu den schwierigsten Bereichen der Rechtschreibung. In vielen Fällen ist es hilfreich, sich die Wörter durch **häufiges Lesen und Abschreiben** einzuprägen.

1. Fremdwörter sind über viele Jahrhunderte lang aus verschiedenen fremden Sprachen in den deutschen Wortschatz „eingewandert". Ihre Aussprache und Schreibung richtet sich **meist nach den Regeln der Herkunftssprache**.

   Beispiel:

griechischer Herkunft:	*Theater, Physik, Theorie, Mathematik*
lateinischer Herkunft:	*Nation, Zensur, Moment, Pionier*
französicher Herkunft:	*Toilette, Pommes frites, Engagement, Ingenieur*
englischer Herkunft:	Make-up, Song, Job, Computer

2. Fremdwörter **erkennt man häufig an verschiedenen Signalen** wie
   - den Buchstaben *ch, ph, rh, th* oder *c*

   Beispiel: *Chaos, Physik, Rharbarber, Thema, Scanner*
   - den Endungen *-age, -ee, -ett, -ette, -eur, -ik, -ie, -ion, -iv, -tät*

   Beispiel: *Garage, Kaffee, Parkett, Etikette, Friseur, Optik, Partie, Spion, aktiv, Kriminalität*

3. Einige Fremdwörter können inzwischen in der vereinfachten, einge-deutschten Schreibweise geschrieben werden.
   - *ph* kann zu *f* werden:

     Beispiel: *Graphik – Grafik, Photographie – Fotografie, Mikrophon - Mikrofon*
   - *h* kann entfallen:

     Beispiel: *Thunfisch – Tunfisch, Panther – Panter, Joghurt – Jogurt*
   - Schreibung mit Varianten

     Beispiel: *Portemonnaie – Portmonee, Friseur – Frisör, Mayonnaise – Majonäse*

> **TIPP**
>
> Verwende beim Schreiben von Fremdwörtern stets ein **Fremd-wörterlexikon**. Hier findest du Informationen über die Herkunft und Bedeutung des Fremdwortes.
> Es gibt zum Beispiel folgende Abkürzungen:
> g./gr.= griechischer Herkunft, l./lat. = lateinischer Herkunft,
> e./eng. = englischer Herkunft, f./fr. = französischer Herkunft
> **Beispiel:** Familie (lat.) = Lebensgemeinschaft

1 **Setze die fehlenden Buchstaben richtig ein: c, ch, ph, rh, th.**
Zur Übung solltest du diese Wörter noch ein paarmal schreiben oder dir selbst diktieren.

____ema	____ip	____roissant
Apo____eke	Ma____ematik	____eater
Stro____e	____ysik	Katastro____e
____abarber	____emie	Dis____o
____erapie	Al____abet	Video____ek
____ema	____omi____	

2 **Lies die Fremdwörter mit _Ch_ am Anfang des Wortes laut vor. Trage hinter dem jeweiligen Fremdwort den Laut ein, den du beim Sprechen hörst:**
[sch], [k] oder [ch].

Charme [sch]	Chanson [ ]	Chaos [ ]
Chemie [ ]	Chronik [ ]	Chlor [ ]
Chirurg [ ]	Chiffre [ ]	Christmesse [ ]
Chauffeur [ ]	Charakter [ ]	Orchester [ ]
China [ ]	Chor [ ]	Chronik [ ]

3 Finde die gesuchten Fremdwörter.
Notiere „e" für englische, „f" für französichen Ursprung.

a) Spielmarke; technischer Baustein .... ( )

b) langärmliger Pullover, bequem geschnitten .... ( )

c) Abort, Klosett, Waschraum .... ( )

d) Werkzeug zum Greifen kleiner Gegenstände .... ( )

e) Ablage für Kleindung/Umkleide für Künstler .... ( )

f) transportabler Computer .... ( )

b) liebenswürdig, bezaubernd, gewinnend .... ( )

h) Steuerhebel für Computerspiele .... ( )

i) geschlossene Parkmöglichkeit für Autos .... ( )

j) Techniker, der an einer Fachhochschule
oder Technischen Hochschule studiert hat .... ( )

k) Sofa .... ( )

l) Spiel- und Sportgerät ein „Brett auf Rollen" .... ( )

m) Musikrichtung aus den USA .... ( )

n) Papier- oder Stofftuch zum Mund abwischen .... ( )

o) Lied .... ( )

p) Stangenweißbrot .... ( )

q) aus Blätterteig gebackenes Hörnchen .... ( )

r) französisches Lied mit aussagekräftigem Text .... ( )

s) schneidet, wäscht, frisiert die Haare .... ( )

t) Rollo zu Verdunkeln der Fenster .... ( )

7 Achtung: Fremdwörter!

u) mechanische Beeinflussung der Haut,
   des Bindegewebes, der Muskeln .... (   )

v) die ersten zehn Plätze einer Rangliste
   (z. B. einer Hitparade) .... (   )

w) Bildergeschichte .... (   )

4 Welches Fremdwort passt? Notiere die Lösung.
Chiffre • Chef • Champignon • Chicorée • Chauffeur • Christbaum

a) Vorgesetzte/Vorgesetzter in der Firma ....

b) Pilz, den man auf Wiesen finden kann ....

c) er fährt andere Leute mit dem Auto ....

d) Salatsorte ....

e) geheime Nummer oder Ziffer ....

f) wird zum Weihnachtsfest aufgestellt ....

5 Finde die richtige Endung. Wenn du das Wort nicht kennst:
Schlage im Fremdwörterlexikon nach oder suche es im Internet.
-age • -ett • -et • -ee • -eur • -ik • -ion • -iv • -ie • -ei • -tät

Dat ....   Buff ....   Park ....

Portmon ....   Puber ....   Kriminali ....

Sp ....   Blam ....   Mag ....

Part ....   Jongl ....   Techn ....

Opt ....   akt ....   Gar ....

6 Aus Verben werden Nomen

Schreibe zu jedem Verb Nomen ins Heft. Unterstreiche die Nachsilben.

massieren	operieren	dekorieren	konzentrieren
organisieren	informieren	applaudieren	konstruieren
illustrieren	installieren	transformieren	addieren

7 Anders schreiben als sprechen

a) Lies die Wörter laut. Was fällt dir auf?

Schonglör	Natzion	Sörwiss	Soze	Schopp
Balanz	Sonk	Garasche	Schelee	Füsick
Pasche	Etasche	Schendarm	Ratzion	Mek app

b) Schreibe jedes Fremdwort mithilfe des Wörterbuches richtig ins Heft. Notiere kurz seine Bedeutung.

Beispiel: *Jongleur = Geschicklichkeitskünstler, Gaukler*

8 f oder ph?

Schreibe neben jedes Fremdwort die zweite Schreibform.

Fotografie	–	Grafik	– ....
Biographie	–	Delphin	– ....
Mikrofon	–	Saxofon	– ....
Geografie	–	Paragraf	– ....

TIPP

Die Schreibung von Fremdwörtern ist schwierig!
Das bekommst du nur in den Griff, wenn du die Wörter ganz oft schreibst.
Mach doch ein Quiz (auch ein Fremdwort ^^) daraus und übe mir deiner Lernpartnerin oder deinem Lernpartner. Lest euch gegenseitig die Definitionen vor und schreibt dann die Fremdwörter richtig.
Vergebt Punkte und findet den Sieger.

ABSCHLUSSTEST

1 **Setze die passenden Fremdwörter in der richtigen Schreibweise ein.**
Inurniege • krosMikop • ieDynast • ierAtel • orCh • Maagsse • ieTherap •
eurssaM • syPhik • ieChme

a) Eine .... ist ein Herrschergeschlecht, so wie die

   Windsors in England.

b) Im Labor werden die Stoffe unter dem .... untersucht.

c) In ihrem .... malt und töpfert die Künstlergruppe.

d) Bereits im Fach NAWI beschäftigen sich die Schüler mit

   .... und ....

e) Wer krank ist, sollte sich einer .... unterziehen.

f) Der .... entwickelt zum Beispiel Maschinen.

g) Wir singen gemeinsam im .... unserer Schule.

h) Der .... hat die .... so gut durchgeführt,

   dass die Schmerzen verschwunden sind.

maximale Punktzahl **10** / erreichte Punktzahl =

M
Like!
Zeit für einen
Mavie-Sticker!

Kontrolliere deine Ergebnisse mithilfe der Lösungen (Seite 132),
addiere dann die erreichten Punkte.

 10 bis 8 Punkte: 7 bis 5 Punkte: 4 bis 0 Punkte:

Gesamtpunktzahl
von max. **10**

99

MALENTSPANNUNG
MEDITATION
AVIE

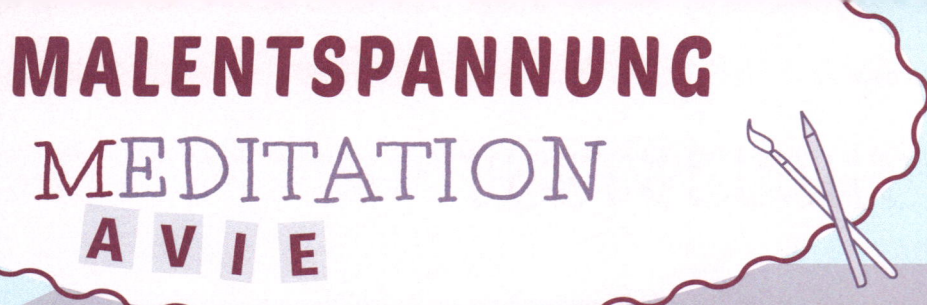

Zwischendurch mal ein bisschen entspannen und mit den Gedanken spazieren gehen? Ich finde, das funktioniert super mit kleinteiligen Ausmalbildern, die sogar ohne Farbe schon richtig schön aussehen.

Ich mach das gern nach einem anstrengenden Schultag, nach einer schweißtreibenden Runde auf dem Trampolin oder einfach so, wenn sich Langeweile in mein Zimmer schleicht.

Meditation mit Malstift sozusagen ... 😜

8 HÄUFIG FALSCH GESCHRIEBENE WÖRTER

Stadt oder statt?

☀ Man schreibt **Stadt**, wenn sich das Wort auf die **Stadt bzw. Großstadt** bezieht.

Beispiel: *das Stadtviertel, die Stadtbahn, der Stadtverkehr, städtisch*

☀ Das Wörtchen **statt** kann sowohl im Sinne von **anstatt / gegen etwas** oder am Wortende als Endsilbe **-statt im Sinne von Ort / Stätte** verwendet werden.

Beispiel: *die Werkstatt, die Begräbnisstätte, die Gedenkstätte*
Statt zu trainieren, musste er fürs Diktat üben.

☀ Merke dir auch die Verben *stattfinden, stattgeben* und die Präposition *stattdessen.*

1 *Stadt* oder *statt*? Lies jeden Satz und fülle die Lücke richtig aus.

a) Die Haupt................................... von Deutschland heißt Berlin.

b) In jeder Groß................... gibt es einen massiven ....verkehr.

c) .... nur am PC zu sitzen, solltest du dich auch mal verabreden.

d) Köln ist eine weltbekannte Dom..................., wo jedes Jahr ein großer

Karnevalsumzug ....findet.

e) In der Werk................... meines Onkels kann man schreinern und bauen.

f) Die östlichen Bundesländer verzeichnen sinkende Einwohnerzahlen.

Die ....bevölkerung von Leipzig ist ....dessen rasant

gewachsen.

g) In Weimar befindet sich die Gedenk................... für das KZ Buchenwald.

-ig und -lich

Viele Adjektive werden am Wortende mit *-ig* oder *-lich* geschrieben.
Um die richtige Schreibweise herauszufinden, musst du die Verlängerung
bilden. **Beispiele:** *herzlich* → *das herzliche Wiedersehen;*
schläfrig → *der schläfrige Welpe*

2 **Ergänze die richtige Adjektiv-Endung,**
indem du die Verlängerung bildest.

mittelmäßig   –   der mittelmäßige Erfolg

a) weinerl_____   –   das _____ Kind

b) gnäd_____   –   der _____ Herrscher

c) art_____   –   der _____ Welpe

d) eck_____   –   der _____ Tisch

e) schriftl_____   –   das _____ Urteil

f) herrl_____   –   der _____ Morgen

g) dunst_____   –   das _____ Wetter

h) farb_____   –   das _____ Kätzchen

i) salz_____   –   das _____ Essen

j) durst_____   –   der _____ Vater

k) lächerl_____   –   das _____ Ereignis

l) versehentl_____ –   die _____ Verwechslung

m) großzüg_____   –   die _____ Nachbarn

n) ängstl_____   –   das _____ Kaninchen

3 Finde die Fehler, markiere sie und schreibe den Text dann richtig ab.

Das Stattfest

Heute findet wider einmal das alljährliche Stattfest stadt.
Wir wollen dort hingehen. Zuerst müssen wir mit der S-Bahn
leider kver durch die Stadt fahren. In der vollen S-Bahn wird
man immer gekwetscht. Das ist gar nicht lustich. Das Fest hat
bestimmt wider großen Erfolg, auch wenn es den Wiederstand
der Anwohner wegen des waksenden Alkoholkonsums gab.

REGEL

Wörter mit qu
Es gibt einige Wörter, bei denen man den Laut „kw" spricht, ihn jedoch *qu*
schreibt.
Beispiel: *der Quark, die Qualle, der Quader, quadratisch*

---

4 Trenne in der Wortschlange jedes Wort mit einem senkrechten Strich.
Schreibe dann alle Wörter mit richtiger Groß-/Kleinschreibung und bei Nomen mit Artikel nochmal ab.

QUITTUNGQUELLEQUERQUATSCH
QUARTETTQUIEKENQUADERQUIZ
QUAKENQUARKGEQUETSCHT
QUIRLIGQUEREGEQUOLLENQUADRATISCH

REGEL

wieder oder wider?

☀ *Wider* wird mit einfachem *i* geschrieben, wenn es in der **Bedeutung von *gegen*** verwendet wird.
Beispiel: *widersprechen, sich widersetzen, Widerstand, Widerspruch*

☀ *Wieder* mit der **Bedeutung von *zurück*** wird mit *ie* geschrieben. Verbindungen mit *wieder* werden gewöhnlich zusammengeschrieben.
Beispiel: *wiederholen, wiederkommen, die Wiedergutmachung*

☀ Wird ***wieder*** im Sinne von ***nochmals/erneut*** gebraucht, schreibt man **wieder und das folgende Verb getrennt**.
Beispiel: *Er hat sie wieder erkannt. Sie haben es wieder versucht.*

 **5** *Wieder* oder *wider*? Lies die Sätze und achte auf den Inhalt.
Setze die richtige Form ein.

a) Der Tiger wurde .... seinen Willen .... eingesperrt.

b) Der .... stand der Soldaten war zwecklos.

c) Die Kuh ist ein Säugetier und gehört zu den .... käuern.

d) Das Eiscafe „Dolomiti" ist endlich .... eröffnet.

e) Wir .... rufen unsere Aussage vor Gericht.

f) Die Zeugenaussagen haben sich .... sprochen.

g) Seine ständigen .... worte ärgerten sie schon lange.

h) Das .... sehen nach mehr als einem Jahr war sehr schön.

i) Dies war schon der zweite Einbruch. Die Diebe hatten es .... versucht.

j) Sie diskutierten lange über das Für und .... dieser Lösung.

Der „ks"-Laut

x, ks, chs, gs oder *cks*?

Den „ks"-Laut kann man auf fünf unterschiedliche Weisen schreiben.

- Bilde bei Verben die Infinitivform. Am Wortstamm erkennst du dann, welchen der fünf „ks"-Laute du schreiben musst.
- Suche bei Nomen nach verwandten Verben.

Beispiel: *gs: du fragst – fragen, du siegst – siegen*

chs: es wächst – wachsen; das Wachstum

cks: es kleckst – kleckern; du weckst – wecken

Die Schreibung mit *x* kommt meist nur in Fremdwörtern vor.

Beispiel: *das Fax, das Examen, exquisit, exklusiv*

---

6 **X, ks, chs, gs oder cks? Setze den richtigen „ks"-Laut ein.**

Bilde dabei die Infinitivform des Verbs bzw. bei Nomen den Plural.

Beispiel: *denkst → denkst – denken*

len_____t   fa_____en

e_____tra   Mi_____er

än_____tigen   An_____t

verste_____t   he_____en

wä_____t   den_____t

wa_____en   flie_____st

gewa_____en   Fa_____

La_____

Ohne perfekten Knicks geht beim Adel nichts ^^

ABSCHLUSSTEST

1 **Hier wimmelt es von Wörtern, die häufig falsch geschrieben werden.
Setze die fehlenden Buchstaben richtig ein.**

a) Im späten Sommer hört man am Teich viele Frösche _____ aken.

b) Wir werden das Diktat _____ holt üben und es dann _____ um

selbst korrigieren.

c) Zum Mittag gab es gab es frisch gefa _____ enen La _____ mit Kartoffeln und

einem Kle _____ Soße aus Sahne und Meerrettich.

d) Die _____ arktorte von Oma schme _____ t allen am besten.

e) Durch die _____ sprüchlichen Aussagen hat sich der Täter verraten.

f) Sta _____ hier zu schlafen, solltest du lieber die Sta _____ besichtigen.

g) Es ist wie verhe _____ t, ständig fällt etwas herunter.

h) Das Stück war sehr lust _____ . Sie haben sich kön _____ li _____ amüsiert.

i) Der W _____ derspruch wird w _____ der züg _____ schriftl _____

eingereicht.

maximale Punktzahl **19** / erreichte Punktzahl =

Like!
Zeit für einen
Mavie-Sticker!

Kontrolliere deine Ergebnisse mithilfe der Lösungen (Seite 134),
addiere dann die erreichten Punkte.

Gesamtpunktzahl
von max. **19**

☐ 19 bis 15 Punkte:  ☐ 14 bis 10 Punkte:  ☐ 9 bis 0 Punkte:

Habit Tracker Bookreading

Zwischen zwei Buchdeckeln gibt es sooo viele coole, spannende und überraschende Geschichten – nur komme ich meistens nicht dazu, alle Bücher von meinem Want-to-Read-Stapel zu lesen. Da sind die Schule und die Hausaufgaben und die Freundinnen und mein Smartphone und und und …

Damit mein Bücherstapel mich nicht mehr so staubig-traurig anguckt, habe ich mir einen Habit Tracker fürs Lesen ausgedacht!

Ein Habit Tracker hilft mir dabei, mir selbst gute Gewohnheiten beizubringen, also zum Beispiel *Jeden Tag genug Wasser trinken* oder *1x pro Woche Sport machen*. Ich kann ihn jeden Abend oder auch in längeren Abständen ausfüllen.

Ich will gern mehr Bücher lesen und kriege das viel zu selten hin.

Also her mit dem Habit Tracker Bookreading!

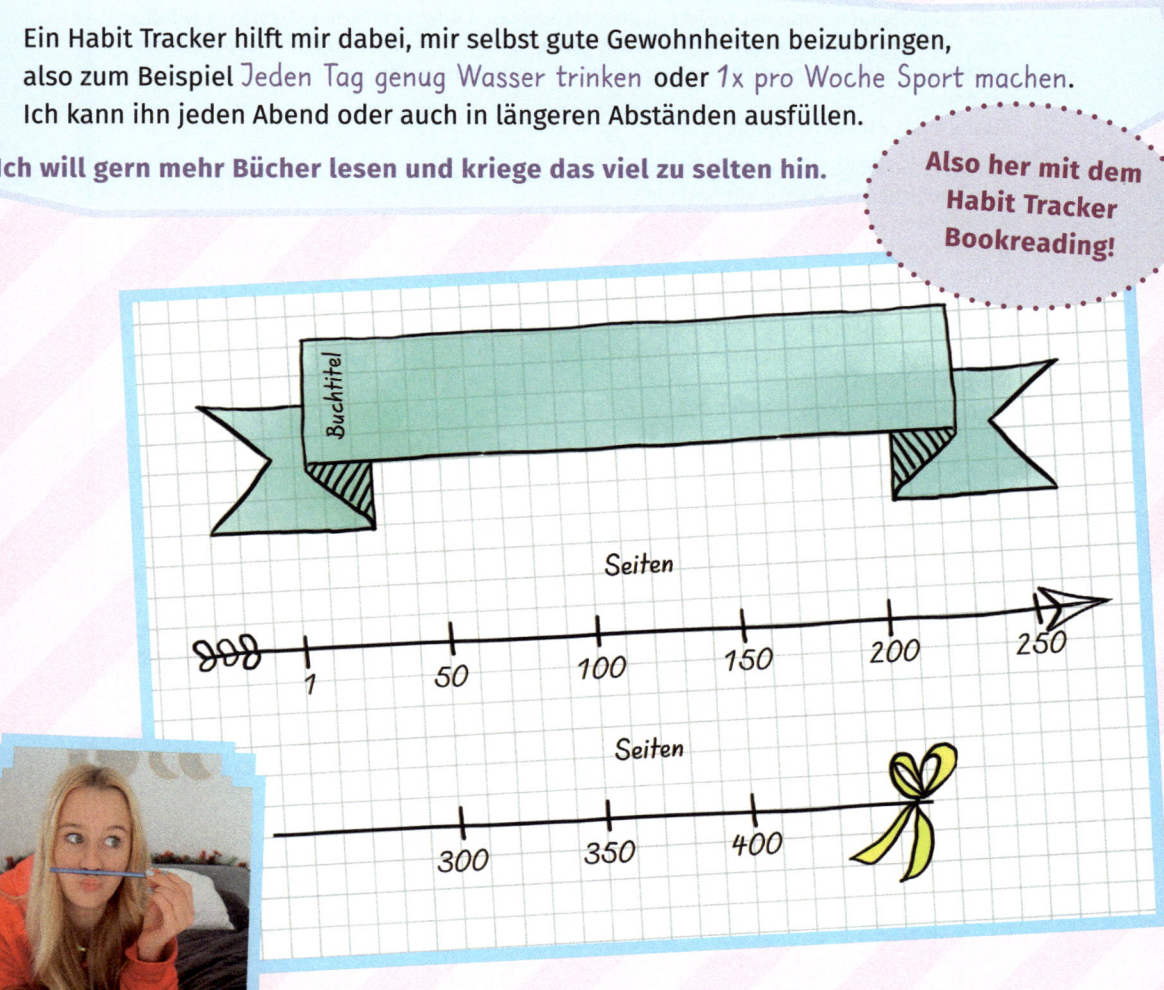

Wenn ich geschmökert habe, male ich so viele Kästchen aus, wie ich Seiten gelesen habe. Darüber schreibe ich das Datum.
Ein super Überblick, der mich total motiviert, weiterzulesen (abgesehen von der Story)!

LÖSUNGEN

KAPITEL 1: GROSS- UND KLEINSCHREIBUNG

Seite 6/7

1 a) **Brief 1** (Privat, Groß- oder Kleinschreibung. Wichtig ist eine einheitliche Schreibweise.)
Hallo Luca,
toll, dass **Du/du** bald wieder zu mir nach Bremen kommen möchtest! Im letzten Brief hast **Du/du** mir ja geschrieben, dass **Du/du** nun auch ein Skateboard hast. Bei uns gibt es eine tolle Skaterbahn – erinnerst **Du/du** **Dich/dich** noch an die letzten Ferien? Da haben wir uns dort mit meinen Freunden getroffen. Wann genau kommt **Dein/dein** Zug am Hauptbahnhof an? Wenn **Du/du** möchtest, kannst **Du/du** mir auch kurz eine SMS schicken!
Bis bald!
Machs gut, **Dein/dein** Tommy

b) **Brief 2** (öffentlich, Großschreibung)
Sehr geehrter Herr Rektor Wiesenbaum,
wir möchten **Ihnen** heute für **Ihre** netten Worte zu unserem Sportfest danken! Gern würden wir **Ihr** Angebot annehmen und auf dem Sportplatz **Ihrer** Schule trainieren. In **Ihrer** Rede haben **Sie** uns auch versprochen, dass wir uns alle auf neue Trikots freuen dürfen, denn **Sie** haben gute Verbindungen zur Firma „Technodrom". Vielleicht könnten wir uns dazu nochmals bei **Ihnen** melden, um die Farben und Aufdrucke abzustimmen. Toll, dass **Sie** sich für unsere Sportler einsetzen! Vielen Dank für **Ihre** Hilfe!
Mit freundlichen Grüßen
i.V. Max Müller, 1. Vorsitzender der SV „Eintracht"

Seite 8

2 a) Hallo Tessa,
schön, dass **Du/du** mich in den Ferien besuchen kommen möchtest! Dann können wir das neue Kinocenter besuchen, von dem ich **Dir/dir** im letzten Brief berichtet habe. Denkst **Du/du** bitte daran, **Deine/deine** Inliner mitzunehmen!
(privat; Groß- oder Kleinschreibung. Wichtig ist, dass die Schreibweise einheitlich ist.)
b) In **Ihrem** letzten Telefonat teilten **Sie** mit, dass **Sie** für den neuen Spielplatz an der Schule spenden möchten. Das finden wir sehr nett von **Ihnen**!
(nicht privat/öffentlich)
c) Hast **Du/du** etwa vergessen, dass wir gestern verabredet waren? Leider bist **Du/du** nicht zum Treffpunkt am Marktplatz gekommen. Rufst **Du/du** mich kurz zurück, was los ist? Bis bald!
Deine/deine Freundin Karo **(privat)**

Seite 9

3 a) <u>Alle Großen</u> dürfen <u>zum Schwimmen</u>.
b) <u>Beim Zeichnen</u> <u>im Sitzen</u> ist <u>etwas Dummes</u> passiert.
c) Ich habe <u>wenig Gutes</u> über ihn gehört.
d) Ich ahne <u>nichts Gutes</u>.
e) <u>Beim Laufen</u> hat sie sich den Fuß gebrochen.
f) <u>Das Dumme</u> ist, dass ich den Termin vergessen habe.

Seite 10

4 a) Blütennektar wird von Pflanzen zum **Anlocken** • ~~anlocken~~ von Tieren verwendet.
b) Die ~~Angelockten~~ • **angelockten** Tiere tragen so zum **Verbreiten** • ~~verbreiten~~ der Pollen und Samen bei.
c) Sie helfen damit den Pflanzen beim **Fortpflanzen** • ~~fortpflanzen~~ ihrer ~~Eigenen~~ • **eigenen** Art.
d) Bienen helfen durch häufiges **Anfliegen** • ~~anfliegen~~ der Blüten und das **Abnehmen** • ~~abnehmen~~ der Pollen den Pflanzen beim **Befruchten** • ~~befruchten~~.

5 Über das **Denken** und **Fühlen** von Pflanzen
Es gibt kaum etwas **Schöneres** als einen Waldspaziergang im Frühling.
Doch woher wissen Schneeglöckchen, Tulpen, Narzissen und Co., dass nun endlich die Zeit des **Erwachens** und des Neubeginns des Lebens gekommen ist? Forscher finden immer mehr Hinweise darauf, dass Pflanzen durch **Denken** und **Fühlen** bestimmen, wann sie ihr **Wachsen** beginnen. Durch **Zusammentragen** jahrelanger Forschungsergebnisse stellten sie fest, dass Pflanzen in einem engen Netzwerk von Informationen leben. Ein Beispiel ist das **Freisetzen** von Lockstoffen, um Schlupfwespen anzulocken, wenn sie von Raupen befallen sind.
Dieses **Freisetzen** lockt die Wespen scharenweise an, welche sich sofort an das **Töten** der Raupen machen.

Seite 11

6 **Frühlingsblumen selber großziehen**
<u>Zum</u> Züchten von Frühlingsblumen braucht man eine Kiste Aussaaterde.
<u>Das</u> Einsetzen der Zwiebeln in die Erde ist einfach: Setze die Spitze der Zwiebel nach unten. So kannst du <u>das</u> Ausbilden der Wurzeln fördern. Während <u>des</u> Wachsens solltest du die Zwiebel leicht angießen. <u>Durch vorsichtiges</u> Düngen erreichst du ein vorschnelles Blühen deiner Tulpen oder Narzissen. Du kannst die Zwiebel <u>nach dem</u> Verblühen der Pflanzen auf den Kompost legen. Wenn das Laub trocken ist, kann es abgeschnitten werden. <u>Durch erneutes</u> Einsetzen der Zwiebeln in die Erde erreicht man <u>ein erneutes</u> Blühen.

7 Individuelle Lösungen. Hier einige Beispiele:

Begleiter + nominalisiertes Verb	Begleiter + nominalisiertes Adjektiv
beim Werfen	viel Gutes
mein Kochen	dieses Helle
gutes Arbeiten	jenes Gute
jenes Werfen	etwas Dummes, etwas Neues
langes Schreiben	nichts Altes, nichts Schönes
beim Schlafen	viel Neues, viel Gutes
aufs Essen	das Neue, das Alte, das Schöne
mein Essen	alles Schöne, alles Alte, alles Neue
das feine Essen	jenes Ferne …
beim Berichten	
das lange Arbeiten	
das Klagen …	

Seite 12

kleingeschrieben	großgeschrieben
abends	**der Abend, am Abend**
morgens	der Morgen
mittwochs	**am Mittwoch**
donnerstags morgens	**am Donnerstagmorgen**
vormittags	am Vormittag
nachts	**die Nacht, in der Nacht**
freitagnachmittags	**am Freitagnachmittag**
sonntagmorgens	am Sonntagmorgen

Seite 13

 a) Wir treffen uns ~~Donnerstagmittags~~ • **donnerstagmittags** am Eingang des Zoos.
b) Tim geht jeden **Montagabend** • ~~montagabend~~ zum Volleyballtraining.
c) Am schönsten findet Jana es, wenn sie den **Samstagabend** • ~~samstagabend~~ mit ihren Eltern verbringen kann.
d) Können wir uns ~~Mittwochs~~ • **mittwochs** zum Laufen treffen?
e) Am **Dienstagmorgen** • ~~dienstagmorgen~~ fährt er mit der U-Bahn zum Museum.
f) Sein Vater liest ~~Morgens~~ • **morgens** als erstes die Zeitung und trinkt dazu Kaffee.
g) Kais Mutter geht jeden **Morgen** • ~~morgen~~ joggen.

10 Die Klassenfahrt der 5 a
Am nächsten **Montagmorgen** treffen sich alle Schüler der Klasse 5 a am Bushalteplatz. Von dort werden sie bereits sehr früh mit dem Bus an die Nordsee fahren. Gestern **Nachmittag** haben sich Lara und Betty in der Stadt getroffen, um noch ein paar schicke Klamotten für die Disco zu kaufen, die jeden **Dienstagabend** in der Jugendherberge stattfindet. Die Jungen wollen sich **freitagnachmittags** ebenfalls am Einkaufscenter treffen. Sie planen, jeden **Nach-mittag** Fussball zu spielen. Deswegen brauchen Tom und Jonah noch neue Fußballschuhe. In der Nähe der Jugendherberge gibt es auch ein Hallenbad, das jeden **Abend** von 18:00 bis 21:00 Uhr geöffnet hat. Die Rückreise ist für den kommenden **Freitag** geplant.

ABSCHLUSSTEST

Seite 15

1 Sehr geehrter Herr Meier,
da **Sie** uns als Züchter von Sennenhunden empfohlen worden sind, möchte ich **Sie** hiermit fragen, wann ich mit meinen Eltern mal bei **Ihnen** vorbeikommen darf, um mir die Hunde anzusehen. Bitte schlagen **Sie** uns einen Termin vor, der **Ihnen** passt. Meine Eltern sind berufstätig, daher hätten **sie** (Personalpronomen!) am besten am Wochenende Zeit. Wenn **Sie** möchten, können **Sie** (Anredepronomen) **sie** (Personalpronomen) auch telefonisch erreichen unter 02920/3434. Vielen Dank, dass **Sie** sich bald melden werden!
Mit besten Grüßen
Ihre Mara Bremer und Eltern **(nicht privater/öffentlicher Brief)**

Liebe Oma,
heute möchte ich **Dir/dir** meinen größten Wunsch schreiben! Kannst **Du/du Dir/dir** vielleicht denken, was das sein könnte? Ich wünsche mir zum Geburtstag einen Hund! Weißt **Du/du** noch, wie ich mich immer um **Deinen/deinen** Hund gekümmert habe, als **Du/du** verreist warst? Bitte, Oma, helfe mir, Mama und Papa zu überzeugen! Ich habe **Dich/dich** ganz doll lieb! Danke für **Deine/deine** Hilfe!
Deine/deine Mara
(privater Brief; Groß- oder Kleinschreibung. Wichtig ist, dass die Schreibweise einheitlich ist.)

Seite 16

2 Kathrin und Lena wollen **am kommenden Montag** mit den Eltern in die Türkei fliegen. (Regel **1**)
Deshalb überlegten sie **gestern Abend**, was bis dahin noch alles zu erledigen ist. (Regel **2**)
Kathrin ruft: „Denke daran, dass Oma und Opa **am nächsten Samstag** kommen. (Regel **1**)
Wir müssen sie **morgen Abend** wegen der Ankunft des Zuges anrufen. (Regel **2**)
Kommenden Freitag ist es dafür zu spät." (Regel **2**)
Lena antwortet: „Du hast doch **mittwochs** deinen Yoga-Kurs. (Regel **3**)
Hast du den schon abgesagt?"
Kathrin meint: „Das erledige ich **heute Abend**. (Regel **2**)
Am besten werde ich **morgen in der Frühe** für Opa und Oma eine lange Liste schreiben. (Regel **2**)
Lass uns besser **heute Abend** noch besprechen, was wir alles in die Koffer packen!" (Regel **2**)

Seite 17

3 **Wie Pflanzen ihr <u>Blühen</u> bestimmen**
Die Entscheidung, mit dem <u>Blühen</u> zu beginnen, ist für jede Pflanze riskant.
Die Blüten benötigen Energie und wenn nochmals Minusgrade kommen, könnte das die Pflanze das <u>Leben</u> kosten. Pflanzen haben daher ein geniales <u>Verfahren</u>. Sie messen nicht nur die Temperatur und das Licht, sondern auch die Tageslänge. Somit können die ersten wärmeren Sonnenstrahlen im Januar keine Pflanze dazu bewegen, ein schnelles <u>Wachsen</u> in Gang zu setzen. Auch Pflanzen üben sich im <u>Speichern</u> von nützlichen Informationen. Das so gewonnene <u>Wissen</u> wird an die Pflanzennachkömmlinge weitergegeben.

KAPITEL 2: GETRENNT ODER ZUSAMMEN?

Seite 19

1
a) Wir werden heute Nachmittag mit dem **Rad fahren**.
b) Nach der Arbeit muss Papa sich oft die **Haare waschen**.
c) Diese Spielanleitung ist leicht **handzuhaben**.
d) Wir wollen heute in der neuen Halle **Eis laufen** gehen.
e) Wenn ich den Führerschein habe, kann ich endlich allein **Auto fahren**.

2
a) Das **Radfahren** • ~~Rad fahren~~ durch den Park ist toll!
b) Beim **Fußballspielen** • ~~Fußball spielen~~ hat sich David am Bein verletzt.
c) Tina nimmt zum **Geschirrspülen** • ~~Geschirr spülen~~ immer ein hautfreundliches Spülmittel.
d) Wir wollen das ~~Essenkochen~~ • **Essen kochen**.
e) Das **Essenkochen** • ~~Essen kochen~~ für die Eltern macht uns Spaß.
f) Jana verdient sich durch das **Rasenmähen** • ~~Rasen mähen~~ etwas Taschengeld.
g) Das Blumenpflücken • ~~Blumen pflücken~~ im Park ist nicht erlaubt.
h) Wir wollen dieses **Teil haben** • ~~teilhaben~~.
i) Zum Abkühlen muss das Glas Marmelade auf dem ~~Kopfstehen~~ • **Kopf stehen**.

Seite 20

3
a) Frau Meier hofft, in der neuen Firma **Fuß fassen** zu können.
b) Wenn das deine Eltern sehen, werden sie **kopfstehen**!
c) Das ewige **Angsthaben** bringt dich auch nicht voran, im Gegenteil!
d) Das **Skilaufen** hat sie während der Klassenfahrt gelernt.
e) Beim Sportfest zeigte Kai, wie toll er **kopfstehen** kann.
(oder: … wie toll er **auf dem Kopf stehen** kann.)
f) Vor der Schwimmprüfung brauchst du absolut keine **Angst haben**.

4
a) Beim **Fahrradfahren** sollte man einen Helm tragen.
b) Mavie kann gut **Trampolinspringen**.
c) Das **Kakaotrinken** vor dem **Schlafengehen** ist ein Ritual von mir.
d) Ich gehe oft mit meinen Eltern zum **Pizzaessen**.
e) Ich habe oft keine Lust zum **Tischdecken**.
f) Mein Bruder lernt gerade das **Autofahren**.
g) Häufiges **Bücherlesen** verbesserte meine Rechtschreibung.

Seite 21

5 schlussfolgern, lobpreisen, maßregeln, Antwort geben, Rat suchen

6 **Sporttreiben** ist gesund
Egal, ob du **Rad fährst**, eisläufst, skatest oder **schwimmen gehst**, wichtig ist die körperliche Bewegung. Das **Autofahren** ist also nicht immer die gesündeste Fortbewegung.

Seite 22

7 Bewegungsmangel nimmt zu
Das **Spazierengehen** ist inzwischen aus der Mode gekommen.
Das **Kennenlernen** neuer Freizeitaktivitäten steht im Vordergrund.
In der Schule aber wollen Schüler in keinem Fall **sitzenbleiben**.

Seite 23

8 a) Wenn dich jemand nicht mag, solltest du ihn links **liegenlassen**.
b) Tessa strengt sich in Mathe an, denn sie will nicht **sitzenbleiben**.
c) Wollen wir heute mit den anderen aus der Klasse **spielen gehen**?
d) Der Nachbar sollte nicht ständig den Motor seines Autos **laufen lassen**.
e) In dem dichten Gedränge war das **Kennenlernen** neuer Gäste nicht einfach.
f) Er hat seinen langjährigen Freund **fallenlassen**, ohne mit der Wimper zu zucken.
g) Als die Straßenbahn plötzlich ruckartig anfuhr, hat er seine Tüte mit Äpfeln **fallen lassen**.
h) Der Aktenstapel wurde immer höher. Sein Kollege hatte viele Anfragen vor dem Urlaub einfach **liegen lassen**.
i) Die Regeln für das **Getrenntschreiben** sind jetzt verständlich geworden.

Seite 24

9 Mögliche zusammengesetzte Verben: umfahren, vollstellen, liebäugeln, wegbringen, hintergehen, widersprechen, untergehen, hinsehen

10 Als der Arzt ihn **krankschreiben** wollte, wollte er sich **kranklachen**, denn er konnte wirklich nicht **kürzertreten**. Aber mit dem Arzt konnte er zum Glück **frei sprechen**.

Seite 25

11 a) Mario meint, dass er Freitag **blaumachen** will.
b) Er möchte endlich mal wieder **lange schlafen**.
c) Seinen Eltern will er **weismachen**, dass er Kopf- und Ohrenschmerzen hat.
d) Das dürfte ihm nicht **schwerfallen**, denn er kann gut **schauspielern**.
e) Der Arzt wird ihn **krankschreiben**.
f) Dann kann Johannes den ganzen Tag **fernsehen** oder am PC spielen.
g) Falls das Vorhaben jedoch **schiefgeht**, würde er sich garantiert **schwarzärgern**.
h) Plötzlich fällt ihm ein, dass nachmittags das Skater-Treffen **stattfinden** wird.
Vielleicht sollte er seinen Plan noch einmal überdenken.

Seite 26/27

12 a) Kannst du das Gedicht **frei sprechen**?
Der Richter wird den Angeklagten **freisprechen**.
b) Wenn du unvorsichtig kletterst, wirst du **leicht fallen**.
Nach jahrelangem Training wird ihm der Wettkampf **leichtfallen**.
c) Wir konnten **sichergehen**, dass wir die Prüfung bestehen werden.
Leider konnten wir auf der vielbefahrenen Straße nicht **sicher gehen** und mussten einen Umweg machen.

13 a) Wir müssen dies unbedingt geheim halten • ~~geheimhalten~~.
b) Will man alles **richtig schreiben** • ~~richtigschreiben~~,
muss man ~~Regel mäßig~~ • **regelmäßig** üben.
c) Wenn man mit Bus oder Bahn ~~schwarz fährt~~ • **schwarzfährt**, muss man ein Bußgeld bezahlen.
d) Bald wird es mit unserer Fußballmannschaft **aufwärts gehen** • ~~aufwärtsgehen~~.
e) Anka wird es nach dieser Trainingsform ~~leicht fallen~~ • **leichtfallen**, den Wettkampf **zu gewinnen** • ~~zugewinnen~~.
f) Sie müssen den Brief erst ~~frei machen~~ • **freimachen**.
g) Die Geiseln sind nach sechs Wochen endlich **freigekauft** • ~~frei gekauft~~ worden.
h) Sie wird ihren Vortrag auf der Konferenz ~~freihalten~~ • **frei halten**.
i) Könntest du mir einen Platz **freihalten** • ~~frei halten~~.

Seite 27

14 Mögliche Verbindungen: zusammenfahren, herunterbiegen, hinwerfen, weglaufen, abbrechen, draufkommen, umherführen, drauflos gehen, übertreten, zustellen, hinsehen

ABSCHLUSSTEST

Seite 28

1 a) Jubel nach Eurovisionssieg: Hannover wird **kopfstehen**
b) Endlich **energiesparende / Energie sparende** Glühbirne auf dem Markt
c) Hilfe für **notleidende / Not leidende** Kinder in Afrika
d) **Gewinnbringende / Gewinn bringende** Geschäfte mit Russen geplatzt
e) Großes **Aufsehen erregende** Szenen im neuen Kinofilm (Die Getrenntschreibung ist zwingend wegen dem Adjektiv *großes*, das sich auf *Aufsehen* bezieht.)
f) **Diensttuender / Dienst tuender** Polizist von Rockern erschossen
g) Ein Idyll für **erholungsuchende / Erholung suchende** Touristen!
h) Das **nervenzerfetzende / Nerven zerfetzende** WM-Qualifikationsspiel fand statt
i) **Hilfesuchender / Hilfe suchender** Obdachloser verprügelt
j) Kinder wollen **eislaufen** und brechen im zugefrorenen See ein
k) Arbeitnehmer wollen an Unternehmensgewinnen **teilhaben**
l) Ausflüge auf zwei Rädern: **Radfahren** wird immer beliebter

Seite 29

2 a) Das **Sitzenbleiben** in der Schule kann zu Ärger mit den Eltern führen.
b) Du solltest deinen kleinen Bruder **schlafen lassen**.
c) Beim **Spazierengehen** begegneten uns viele Bekannte.
d) Zum richtigen Urlaub gehört das **Kennenlernen** fremder Gewohnheiten.
e) Du solltest deine Freundin nicht links **liegenlassen**.
f) Manchem fällt das **Achtenlernen** älterer Menschen nach wie vor schwer.
g) Er will immer für seine Freunde **da sein**.
h) Das **Dasein** hat auch seine Schattenseiten.

Seite 30

3 a) Am Wochenende **liebäugelte** er mit seiner ersten Radtour.
Er konnte sich **sicher sein**, dass die Sonne scheinen würde. Doch gerade wegen des Ausflugs- verkehrs konnte er sich auf den Straßen nicht immer **sicher fühlen**, sondern musste eine Strecke mit Radwegen auswählen.
b) In ihrem Kopf hatte sich in den vergangenen Tagen Unmut **breitgemacht**.
Sie wünschte sich, im Urlaub zu **sein**. Das Warten bis zu den Ferien würde ihr **schwerfallen**. Sie konnte sich allerdings nicht ganz davon **freisprechen**, dieser Situation zugestimmt zu haben. Ihre Kollegin war **schwer gefallen**, hatte sich mehrere Rippen und das Bein gebrochen, und anstatt endlich **blauzumachen**, musste sie ihren Urlaub um mehrere Wochen verschie- ben. Immerhin wurden ihr die Stornierungsgebühren von ihrer Firma **gutgeschrieben**.

KAPITEL 3: GLEICH KLINGENDE VOKALE

Seite 32

1 **Aufstieg** in die Lese-**Liga**
Wer **viel liest**, ist **nicht** nur gut in Rechtschreibung, sondern auch **gebildeter** als andere. Auch die **Fantasie** wird durch das Lesen **interessanter** Bücher gefördert. Man erhält Tipps, **Ideen** und **Hinweise** für das Schreiben eigener Texte. Jeder kann, genauso wie beim Sport, durch **tägliches** Lesen seine Leseleistung **trainieren**, um in die Lese-**Liga** aufzusteigen.

Seite 33

2 a) Ich **liebe** es, am Strand auf der **Liege** zu **liegen**.
b) Durch diese Stadt **fließen** zwei Flüsse.
c) Mit dem neuen **Sieb** können wir jetzt das Mehl sehr fein **sieben**.
d) Denke daran, das Fenster zu **schließen**, bevor du gehst.
e) Um uns **wiederzufinden**, **riefen** wir den verabredeten Ruf.
f) Pass auf, dass du kein Wasser **vergießt**.
g) „Wegen Sanierung geschlossen": Das Bauwerk wird gerade **saniert**.
h) Im **Gefrierfach** ist noch Eis.
i) Auf dem Rummelplatz kann man mit Bällen auf Dosen **schießen**.
j) Wenn du dich nicht warm **anziehst**, wirst du **frieren**.

3 biegen – fliegen   Kiefer – Schiefer   Hiebe – Diebe
vermiesen – Riesen   gießen – schießen   kriechen – riechen
Bier – mir   Sieb – Hieb   Vieh – Knie

Seite 34

4 die Rasur – **rasieren**   die Kontrolle – **kontrollieren**
der Export – **exportieren**   die Diskussion – **diskutieren**
die Ruine – **ruinieren**   der Radiergummi – **radieren**
das Studium – **studieren**   der Applaus – **applaudieren**
das Referat – **referieren**   die Inspektion – **inspizieren**
das Training – **trainieren**

5 a) Wir singen gemeinsam ein **Lied**.   b) Sein **Augenlid** ist entzündet.
c) Der **Stil** der Musik ist angenehm.   d) Der **Besenstiel** ist zerbrochen.
e) Grippe ist durch **Viren** übertragbar.   f) Wir **Vier ziehen** um **die** ganze Welt.
g) In der **Goldmine** besteht Einsturzgefahr.   h) **Zieh** doch nicht so eine **Miene**!

6

	schlafen	stoßen	laufen	fallen	steigen
ich	schlief	stieß	lief	fiel	stieg
du	schlief(e)st	stieß(e)st	lief(e)st	fiel(e)st	stieg(e)st
er/sie/es	schlief	stieß	lief	fiel	stieg
wir	schliefen	stießen	liefen	fielen	stiegen
ihr	schlief(e)t	stieß(e)t	lief(e)t	fiel(e)t	stieg(e)t
sie	schliefen	stießen	liefen	fielen	stiegen

Seite 35

7 a) das **Krokodil** b) der **Biber** c) der **Tiger**
   d) der **Igel** e) das **Wiesel** f) der **Kiwi**

Seite 36

8 Die **Fahrrad-Fahrt** ohne Gefahr
Am Freitag treffen wir uns um 16.00 Uhr am **Bahnhof**. Wir, die Klasse 6 a, wollen mit unserem **Lehrer** Herrn Wilke eine **Rad**-Tour zu den Windmühlen am Hafen **unternehmen**. Dort werden wir uns **ansehen**, wie das Korn zu **Mehl gemahlen** wird. Damit die Tour **ungefährlich** verläuft, wird jeder einen Helm **tragen**.

Seite 37

9

Dehnungs-h			
vor l	vor m	vor n	vor r
wählen	nehmen	belohnen	bohren
Zahl	Ruhm	verhöhnen	vermehren
kahl	Rahmen	Bühne	Ohr
Höhle	zahm	Zahn	fahren
Mehl	lahm	Lohn	Rohr

10 a) Der Müller m**ah**lt das M**eh**l in der M**üh**le.
   b) Der M**a**ler m**a**lt ein Porträt einer ber**üh**mten Person.
   c) Die Schneiderin n**äh**t den Saum des Ge**h**rockes zu.
   d) Die M**ah**lzeit im Restaurant schmeckte vorz**üg**lich.
   e) In der H**öh**le sa**h**en wir viele interessante Gesteine.
   f) Auf der B**üh**ne des Theaters tr**e**ten bekannte Darsteller auf.

Seite 38

11 die Zahl – bezahlen, zahlbar, zählen, der Zähler, gezählt
der Lohn – belohnt, gelohnt, die Belohnung, der Jahreslohn, lohnen
der Befehl – befehlen, die Befehlsverweigerung, sie befahlen, die Befehle, der Befehlston
die Höhle – der Höhleneingang, der Höhlenmensch, die Eiszeithöhle, höhlenartig, ausgehöhlt
das Rohr – die Rohre, die Rohrleitung, das Abwasserrohr, die Rohrverlegung, der Rohrbruch

12 er näht – nä-hen er führt – füh-ren
es sieht – se-hen er weht – we-hen
es glüht – glü-hen er verleiht – ver-lei-hen
sie verzeiht – ver-zei-hen er mäht – mä-hen
du stehst – ste-hen es blüht – blü-hen

13 fehlen – feh-len, die Fehler

ohne – oh-ne, ohnehin

Mahl – Mahl, die Mahle

wählen – wäh-len, die Wähler

Mehl – Mehl, die Mehle

Reh – Reh, die Rehe

nehmen – neh-men, das Benehmen

sehen – se-hen, sehende

gehen – ge-hen, gehende

Reihe – Rei-he, die Reihen

Bohne – Boh-ne, der Bohnensalat

Weihe – Wei-he, die Kirchweihe

wahr – wahr, die wahren Gründe, Wahrheit

Bahre – Bah-re, aufbahren

ähnlich – ähn-lich, die Ähnlichkeit

Nahrung – Nah-rung, ernähren

ruhig – ru-hig, die Ruhe

Seite 39

14 Piepmätze in Gefahr

Viele Vögel suchen sich in den **Sträuchern** und **Bäumen** heimischer **Gärten** ihre **Nistplätze**.
Doch diese Orte sind **gefährdet**, denn Katzen sind unterwegs. Man kann den **Piepmätzen**
helfen, indem man an höheren **Bäumen Nistkästen aufhängt**.

Seite 40

15 ä – a

verändern – anders	Länge – lang	wählen – Wahl	Bäcker – backen
Erkältung – kalt	Gepäck – packen	Kästen – Kasten	Wärme – warm
ergänzen – ganz	erklären – klar	Gärtner – Garten	Näherin – Naht

äu – au

Säure – sauer	äußerlich – außen	du läufst – laufen	Bäuerin – Bauer
Säugling – saugen	träumen – Traum	Häuptling – Haupt	Verkäufer – verkaufen
häufig – Haufen	Sträucher – Strauch	Zäune – Zaun	

16 die Kräuter – das Kraut

die Häute – die Haut

die Plätze – der Platz

die Mäntel – der Mantel

die Äste – der Ast

die Nägel – der Nagel

die Fächer – der Fächer

die Kräfte – die Kraft

die Ämter – das Amt

die Läden – der Laden

die Bänke – die Bank

die Pläne – der Plan

die Gärten – der Garten

die Länge – die Länge

Seite 41

17 a) Der Adler be**äu**gt seine Beute.

b) Das K**ä**lbchen wird von der B**äu**erin mit der Milchflasche ges**äu**gt.

c) Wenn es h**eu**te regnet, wird Jonas sich **ä**rgern.

d) Tats**ä**chlich haben auch Tiere ein gutes Ged**ä**chtnis.

e) Das R**ä**tsel besch**ä**ftigte ihn noch in seinen Tr**äu**men.

f) Es ist gebr**äu**chlich, sich vor dem Essen die H**ä**nde zu s**äu**bern.

18 Lämmergeier

(das) Sägeblatt

grässlich

wegräumen

Längenmaß

(sich) sträuben

(das) Garnknäuel

(sich/jemanden) täuschen

krähen

Gespräch

(der) Geräuschpegel

(die) Heulsuse

hässlich

Säugetier

Seite 42

19 Saal – Aal, leer – Teer, Paar – Haar, Speer – Heer

20 der Teer: teerverdreckt, Teerbelag, Teermaschine
der Kaffee: Kaffeemilch, Kaffeesahne, Kaffeelöffel
die Waage: Waagschale, Gewichtswaage, Obstwaage
das Beet: das Blumenbeet, die Beeteinfassung, das Gemüsebeet
das Moor: das Hochmoor, das Moorgebiet, die Moorpflanze
die Idee: ideenreich, Ideenklau, Ideenvielfalt
die Saat: das Saatgut, die Frühjahrssaat, die Wintersaat
die Beere: beerenreich, die Blaubeeren, der Beerenstrauch

Seite 43

21 aa: das Paar, das Haar, der Aal, der Staat, der Saal, die Waage
ee: der Kaffee, die Fee, der See, das Beet, der Schnee, der Klee, das Meer, der Speer, die Beere
oo: der Zoo, das Moos, das Boot, das Moor

22
Fee	Moos	Haar
Boot	Zoo	Idee
Paar	Beere	Schnee

23 Pool, cool, Shampoo

24 Drei Wünsche
Vor langer, langer Zeit, als Wünschen noch geholfen hat, lebte einmal eine **Fee** in einem tiefen, dunklen **See**. Von dieser hörte die kleine Nele und begab sich deswegen in den Wald und das **Moor**. Sie rief: „Zeig dich, liebe **Fee**! Ich möchte mir gern etwas wünschen!" Da tauchte plötzlich eine **Meerjungfrau** mit langem wallenden **Haar** auf …

ABSCHLUSSTEST

Seite 44/45

1 Krokodile lieben ein prima Klima
Krokodile können ihre Körpertemperatur nicht von innen regeln. Sie verbringen den größten Teil des Tages damit, sich entweder abzukühlen oder sich aufzuwärmen. Nach einem kühleren Bad zum Beispiel muss sich das Krokodil erst einmal wieder in die Sonne legen. Es liegt dort stundenlang. Leider sind bereits siebzehn von zweiundzwanzig Krokodilarten vom Aussterben bedroht. Ähnlich wie die Tiger wurden sie rücksichtslos gejagt und getötet. Viele Länder haben nun gezielt geregelt, wie viele Tiere im Jahr gejagt werden dürfen. In manchen Regionen der Welt stehen sie sogar unter Naturschutz.

2 Eine ungewöhnliche Bahnfahrt
In der Eifel kamen am vergangenen Wochenende Eisenbahn-Fans auf ihre Kosten. Im Rahmen eines Dampflokspektakels wurden die alten Bahnen, welche mit Kohle beheizt werden, in ihrer ganzen Pracht gezeigt. Pünktlich um 10 Uhr hörte man bereits aus weiter Ferne das Pfeifen der alten Dampfbahnen. Zahlreiche Besucher kamen, um die Bahnen nicht nur zu bestaunen. Viele Leute fuhren mit den alten „Damen" und genossen das angenehme Gefühl, wie vor über 60 Jahren unterwegs zu sein. Die Fahrgäste wurden mit viel schwarzem Ruß und lautem Getöse während der Fahrt belohnt. Ein Genuss fürs Auge und fürs Ohr waren die ankommenden und wieder abfahrenden Loks. Man sah überall nur strahlende Gesichter!

3 **Näher als jeder andere**

Die Rauchschwalbe ist den Menschen näher als jeder andere Wildvogel. Ohne Furcht zieht sie in die Ställe und Gebäude ein und baut hier ihr Nest. Schwalben galten dem Menschen als „Glücksboten". Früher glaubte man fest daran, dass Schwalben die Häuser vor Feuer schützen. In Hessen soll ein Turmwächter die Ankunft der ersten Schwalbe mit dem Hornbläser angekündigt haben. Die Rauchschwalbe nennt man übrigens auch Bauernschwalbe, denn sie nistet am liebsten in Kuhställen. Sie hält ihrem Nest jährlich die Treue. Nur in der Wahl des Partners sind Schwalben weniger treu!

Seite 46

4 **Sehenswertes in der Eifel**

Die Eifel hat neben vielen Burgen und Schlössern auch noch andere Sehenswürdigkeiten zu bieten: die zahlreichen Seen, Maare sowie Moore. Die Maare prägen das Landschaftsbild der Vulkaneifel. Sie sind erloschene Vulkane, die sich im Verlauf der Erdgeschichte mit Wasser gefüllt haben. Es gibt Maare, die eine Tiefe von über 100 Metern erreichen.

Im Hintergrund eines Maars befindet sich oft eine vulkanisch geprägte Moorlandschaft. Das größte Moor ist das Hohe Venn, ein sogenanntes Hochmoor. Man kann es als Besucher auf Holzstegen erkunden. Dort soll es angeblich noch Waldfeen geben, die in Nebelnächten auf Kleewiesen herumgehen, ihr Spiegelbild in den einsamen Vulkanseen betrachten und am frühen Morgen auf Fischer in ihren Booten warten.

KAPITEL 4: GLEICH KLINGENDE KONSONANTEN

Seite 48

1 **Die Reise nach Südfrankreich**

Es ist das erste Mal, **dass** Luisa mit ihren Eltern nach Südfrankreich verreist. Ihr Vater hat im Internet ein Ferienhaus gefunden, **das** sich direkt am Meer befindet und preislich erschwinglich ist.

„**Das** ist eine tolle Landschaft!", jubelt Luisa, als sie das Haus auf dem Foto direkt am weißen Sandstrand sieht.

„Ich finde, **das** ist ein Volltreffer!", meint Luisas Mutter und lächelt ebenfalls zufrieden.

Das Ferienhaus, **das** einen blau-weißen Anstrich hat, ist von einer rot blühenden Oleanderhecke umgeben. In der Nähe befindet sich zudem ein Dorf, **das** durch seine Ockersteinbrüche berühmt geworden ist.

Seite 49

2 a) Die neuen Nachbarn sind so fleißig, da**ss** wir nur staunen können. (Regel **2**)

b) Das Kind, da**s** heute zu spät in die Schule gekommen ist, hat den Bus verpasst. (Regel **1**)

c) Katja und Tom meinen, da**ss** wir uns heute Abend am Kino treffen könnten. (Regel **2**)

d) Er beschließt, da**ss** (Regel **2**) wir keine Hausaufgaben aufbekommen, da wir da**s** (Regel **1**), was wir im Unterricht behandelt haben, gut verstanden haben.

e) Wir laufen mit unseren Eltern auf dem Maar, da**s** gestern fürs Eislaufen freigegeben wurde. (Regel **1**)

f) Tina liest neuerdings ein Buch, da**s** ich ihr bereits vor einem Jahr geschenkt habe. (Regel **1**)

g) Der Hund bellt so laut, da**ss** wir schnell zur Haustür laufen, um zu sehen, was da los ist. (Regel **2**)

h) Tim hat zum elften Geburtstag das Fahrrad bekommen, da**s** er sich schon so lange gewünscht hat. (Regel **1**)

Seite 50

3 b) Wir besuchen das Mädchen, **das** neu in unserer Schule ist. (Regel **1**)
c) Die Freunde warten so lange, **dass** sie unruhig werden. (Regel **2**)
d) Lara erinnert sich daran, **dass** er sie gewarnt hat. (Regel **2**)
e) Jannik glaubt an das Versprechen, **das** er ihm gegeben hat. (Regel **1**)
f) Findet das Versteck, **das** wir im letzten Sommer zusammen gebaut haben. (Regel **1**)
g) Wahrscheinlich kann es passieren, **dass** Marita etwas später zum Training kommt. (Regel **2**)

Seite 52

Die s-Laute

4 das Fass – die Fässer   die Klasse – **die Klassen**
der Fluss – **die Flüsse**   das Lasso – **die Lassos**
der Kuss – **die Küsse**   die Gasse – **die Gassen**
die Tasse – **die Tassen**   die Masse – **die Massen**

5 zum Beispiel:
Fluss: flussabwärts, Flussbett, flüssig, Flusskreuzfahrt
Gruß: (be)grüßen, die Grußkarte, die Grußformel, viele Grüße
Maß: maßvoll, sich mäßigen, das Maßband, in vollem Maße, Maß nehmen, Metermaß
groß: vergrößern, die Größe, die Großbaustelle, großräumig, größenwahnsinnig

Seite 53

6 Fleiß – **heiß**   Nase – **Vase**   heißen – **reißen**
niesen – **vermiesen**   Fluss – **Kuss**   nass – **blass**
Flosse – **Gosse**   süßen – **grüßen**   Pass – **Fass**
Masse – **Kasse**   Kasse – **Tasse**   Kies – **mies**

7 der Fußball   die Kasse   passen
das Hindernis   der Spaß   der Süßwasserfisch
die Schwanzflosse   das Verhältnis   das Zeugnis
aufweisen   eisig   zerreißen

8 Hier einige mögliche Beispiele:
Wasser: der Wasserkessel, das Wasserbett, der Wassermangel, der Wasserhahn, das Wasserhuhn ...
Fluss: das Flussbett, der Flusslauf, die Flussaue, das Flussufer, die Flusslandschaft, die Flussschiffahrt / Fluss-Schiffahrt ...

9 a) die Zeugnisse – Mein **Zeugnis** ist gut ausgefallen.
b) die Ereignisse – Wir feierten das freudige **Ereignis**.
c) die Verhältnisse – Im **Verhältnis** zu anderen geht es uns gut.
d) die Gefängnisse – Verbrecher kommen ins **Gefängnis**.
e) die Hindernisse – Dieses **Hindernis** ist schwer zu überwinden.
f) die Geständnisse – Er legte ein umfassendes **Geständnis** ab.
g) die Bildnisse – Das ist ein bedeutendendes **Bildnis**.

Seite 54

 10

Infinitiv	Präsens	Präteritum
messen	ich **messe**	er **maß**
fassen	du **fasst**	sie **fasste**
lesen	es **liest**	sie **las**

11 Die größte Heizung der Welt
Frankreich, Deutschland, Belgien und andere Länder mü**ss**ten genau**s**o wie Kanada oder
Ru**ss**land sechs Monate von Ei**s** und Schnee bedeckt sein. Doch anders als bei diesen Ländern
profitieren wir von der größten Heizung der Welt: dem Golfstrom. Die**s**er „Meeres-Flu**ss**" im
Atlantik tran**s**portiert warmes Wa**ss**er aus der Karibik nach Europa. Dieses erwärmt un**s**er
Klima um etwa fünf bis zehn Grad Cel**s**ius.

Seite 55

12 a) sie be**b**t   **beben**   Die Erde be**b**te.
b) er to**b**t   **toben**   Der Hund to**b**te wild herum.
c) du gi**b**st   **geben**   Wir ge**b**en dir gerne etwas davon ab.
d) ich ma**g**   **mögen**   Ich ma**g** auch ein Eis, bitte.
e) wir den**k**en   **denken**   Den**k**st du manchmal an mich?
f) er par**k**t   **parken**   Er hat tatsächlich auf dem Fußweg gepar**k**t!
g) sie win**k**t   **winken**   Sie win**k**te uns zum Abschied noch lange zu.

Seite 56

13 b) der wei**t**e Weg   Der Weg bis zum Wald ist wei**t**.
c) der star**k**e Junge   Der Junge aus der 8a ist sehr star**k**.
d) das gesun**d**e Kätzchen   Das Kätzchen von Tina ist immer noch sehr gesun**d**.
e) der spannen**d**e Film   Der Film, den wir gestern gesehen haben, war sehr spannen**d**.
f) die lästi**g**e Mücke   Die Mücke in unserem Zimmer ist sehr lästi**g**.
g) das lan**g**e Gespräch   Unser Gespräch mit dem Rektor dauerte lan**g**.

14 der Her**d** – **die Herde**   die Gegen**d** – **die Gegenden**
das Pfer**d** – **die Pferde**   der Schmie**d** – **die Schmiede**
der Schran**k** – **die Schränke**   das Kal**b** – **die Kälber**
der Bezir**k** – **die Bezirke**   die Han**d** – **die Hände**
der Bar**t** – **die Bärte**   der Zwer**g** – **die Zwerge**

15 **Kind** und **Hund** – kein Problem
Hunde stellen eine unglaupliche **Bereicherung** für unser Leben dar. **Voraussetzung** dafür ist
jedoch, dass **Kind** und **Hund** einander verstehen. Mit **Verstand** und **Erziehung** kann ein Hund
zum echten **Partner** eines Kindes werden.

Seite 57

16 spannen**d** – **spannender**   schrä**g** – **schräger**
trü**b** – **trüber**   elen**d** – **elender**
bun**t** – **bunter**   frem**d** – **fremder**
blan**k** – **blanker**   star**k** – **stärker**
lau**t** – **lauter**   wun**d** – **wunder**

17 Schla**g**sahne
Stau**b**sauger
Herd**k**lappe
Ofenban**k**
Gipsverban**d**

erfol**g**reich
Wasserkru**g**
Schu**b**karre
Küchenschran**k**
Uhrwer**k**

Verban**d**skasten
Schran**k**tür
Holzverschla**g**
Bildban**d**
Meeresstran**d**

Seite 58

18 Unser **Ausflug** in den Zoo
Vor einer Woche **trafen** wir uns mit **Freunden** im Leipziger Zoo.
Wir waren sehr überrascht, wie **gefühlvoll** und großzügig die Gehege und **Vogelkäfige**
angelegt waren. Die **Wildpferde** hatten so viel Platz, dass sie um die Wette **laufen** konnten.

Seite 59

19 **ver**sehen
veralbern

vertauschen
verbieten

verdutzen
versorgen

vererben
Versäumnis

20 der **V**ogelkäfig
die **V**ase
die **F**liege

das **F**lugzeug
das **P**arfüm
der **V**atertag

der **V**erband
der **V**ers
der **F**riseur

Seite 59

21 1. Strophe
4. Asphalt
7. Alphabet

2. Trophäe
5. Philosoph
8. Pharao

3. Physik
6. Katastrophe

Seite 60

22 Schreck – schreckhaft – schrecklich – Schreckstarre
Speck – speckig – Speckschwarte – Speckstein
Deck – decken – Kassettendeck – Schiffsdeck
Reck – recken – reckenhaft – Reckturnen
Fleck – fleckig – Fleckenreiniger – Fleckenspray
Dreck – dreckig – Dreckspatz – verdreckt
Leck – lecken – Lecksuche – lecker
Heck – hecken – Hecke – Heckspoiler

23

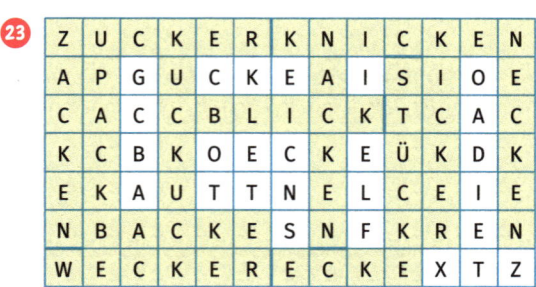

Z	U	C	K	E	R	K	N	I	C	K	E	N
A	P	G	U	C	K	E	A	I	S	I	O	E
C	A	C	C	B	L	I	C	K	T	C	A	C
K	C	B	K	O	E	C	K	E	Ü	K	D	K
E	K	A	U	T	T	N	E	L	C	E	I	E
N	B	A	C	K	E	S	N	F	K	R	E	N
W	E	C	K	E	R	E	C	K	E	X	T	Z

Seite 61

24 a) Nach einer Pi**zz**a schme**ck**t mir ein Mo**kk**a gut.
b) Die Ra**zz**ia im Bahnhofsviertel erschre**ck**te alle Nachbarn.
c) Der Ste**ck**er vom A**kk**uladegerät ist noch im Gepä**ck**.
d) Das Frühstü**ck** schme**ck**t immer le**ck**er.
e) Der Bä**ck**er ba**ck**t seinen Kuchen zu**ck**ersüß.
f) Der We**ck**er we**ck**te uns viel zu früh.
g) Am Ende der Wegstre**ck**e verste**ck**ten wir uns.

25 Haustier-Alarm!
Tim wünscht sich zum Geburtstag unbedingt eine **Katze**. Doch seine Mutter ist dagegen:
„**Katzen zerkratzen** die **Sitzmöbel** und Tapeten!" Tim antwortet: „Die Tiere sind nicht
schmutzig. Sie **putzen** sich gern. Wenn sie einen **Lieblingsplatz** haben, **zerkratzen** sie auch
nicht die Möbel." „Und was machst du, wenn das Tier irgendwo in einer **dunklen** Ecke einen
toten **Spatz** versteckt?", meint die Mutter **neckisch**. „Ich **packe** den Vogel mit der Schaufel
und werfe ihn weg. Die Kiste mit dem **dreckigen** Streu säubere ich auch täglich ..."

Seite 62

26 Mamas Nagella**ck** nehmen
jemand mit einem Wi**tz** ne**ck**en
frische Erdbeeren einzu**ck**ern
dre**ck**ige Turnschuhe pu**tz**en
gern Würstchen bru**tz**eln
ein schmerzender Ba**ck**enzahn
Plä**tz**chen ba**ck**en
lustige Fra**tz**en schneiden
den Ru**ck**sack pa**ck**en

27 sitzen – **der Sitz**   melken – **der Melker**
ritzen – **die Ritze**   backen – **der Bäcker**
hetzen – **die Hatz**   sacken – **der Sack**
platzen – **der Platz**   blicken – **der Blick**
setzen – **der Sitz**   verstecken – **das Versteck**
strecken – **die Strecke**   entdecken – **die Entdeckung**

Seite 64

28 ent**setz**lich   unter**halt**sam   Aus**setz**er
Fort**setz**ung   Unter**halt**ung

29 bedürfen – **Bedürfnis**   bearbeiten – **Bearbeitung**
erlauben – **Erlaubnis**   achten – **Achtung**
ereignen – **Ereignis**   lesen – **Lesung**

Seite 65

30 hastig; nebelig; natürlich; vorsichtig; wunderlich, wundersam, wunderbar; fürchterlich,
furchtsam, furchtlos; sparsam; blumig; ängstlich

31 Das **ent**scheidende Erlebnis
Sarah und Toni sind schon seit Längerem befreun**det**.
An diesem Wochenende verrabredeten sich die beiden Mädchen **end**lich zu einer Radtour.
Sie wollten die Land**schaft** der maler**isch**en Umgebung erkunden.
Doch Sarah wartete vergeb**lich** am verabred**eten** Treffpunkt, was sie wahnsinn**ig** ärgerte.

ABSCHLUSSTEST

Seite 66

1 **Frühlingsboten**
Weidenkätzchen sind die ersten, flauschigen Frühlingsboten der Natur. Sie blühen ab Anfang März, da**s** bedeutet, da**ss** die Honigbienen endlich eine rettende Nahrungsquelle haben. Und da**s** ist besonders wichtig, da 80 % aller Pflanzenarten von der Bienenbestäubung abhängig sind. Da**s** macht da**s** Weidenkätzchen zum sogenannten Nahrungslieferanten. Der Zitronenfalter ist da**s** Tier, da**s** zu den allerersten Frühlingsboten zählt. Sein Vorteil gegenüber anderen Schmetterlingen besteht darin, da**ss** er vollkommen ungeschützt an einem Zweig überwintern kann. Mithilfe seines speziellen Blutes, da**s** aus einem Alkohol-Zucker-Gemisch und Eiweißstoffen besteht, überlebt er Nächte bei minus 20 Grad.
Unüberhörbar ist da**s** Frühlingskonzert der Singvögel. Einige Vogelmännchen sind nun mit vollen Schnäbeln unterwegs, um da**s** Weibchen zu füttern, da**s** bereits im März die Eier bebrütet.

Seite 67

2 **Das Fußballspiel**
Am Sonntagnachmittag lie**s**t Paul plötzlich in der Zeitung, da**ss** (Konjunktion, Regel 2 von Seite 46) um 15.00 Uhr ein Fu**ß**ballspiel zwischen den Mannschaften seines Orte**s** und des Nachbarorte**s** stattfinden **s**oll. Er stie**ß** durch Zufall beim Le**s**en der Wochenendnachrichten auf die**s**e Notiz. Schnell ra**s**te er zur Stra**ß**enbahn, um ja rechtzeitig zum Anpfiff auf dem Sportplatz im Stadion zu **s**ein.
Endlich hatte er die Haltestelle „Zum Stadion" erreicht. Doch wa**s** war da**s**? Alle Türen des Stadion**s** waren verschlo**ss**en. Keine Fan**s** davor? Verwundert und ratlo**s** schaut Paul sich um. Da lie**s**t er plötzlich etwa**s** auf einem Plakat. Mit gro**ß**en Buchstaben steht dort das Datum de**s** kommenden Wochenende**s**. Verdrie**ß**lich und mi**ss**gelaunt fährt er wieder nach Hau**s**e.

Seite 68/69

3 **Der Ra**b**e und seine Lis**t
Es war einmal ein großer, stolzer und star**k**er Ra**b**e. Er le**b**te in einem wei**t**en, riesi**g**en Gar**t**en am Ran**d**e eines Wal**d**es. Eines Ta**g**es fan**d** der Ra**b**e in diesem Garten einen großen, run**d**en Kru**g**. In diesem Kru**g** befan**d** sich ein gu**t** duften**d**er Brei, den die Besitzer für den Hun**d** Rex gekoch**t** hatten. Doch der Ra**b**e konnte mit seinem Schna**b**el nicht in das Innere des Kru**g**es gelan**g**en. Da niemand in der Gegen**d** war, schlu**g** er hefti**g** mit seinen Flü**g**eln, sodass das Gefäß umfiel. Nun konnte der listi**g**e Kerl genüsslich an den Brei gelan**g**en und fraß sich dick und run**d**.

4 **Über die Vielfalt von Hunderassen**

Es gibt **v**iele Hunderassen, so ungefähr 300 **v**erschiedene Arten. Der größte **V**ertreter dieser weit**v**erzweigten Sippschaft ist der Irische Wolf**s**hund. Natürlich gibt es eine **v**ielfältige Auswahl an Büchern, in denen **v**iele Rassen beschrieben werden: **pf**iffige, **pf**legeleichte oder **v**erspielte.

Die Hunderassen sind dort al**ph**abetisch au**fg**eführt, nach Abstammung oder **V**erwendungszweck geordnet. **V**iele Hunde**f**reunde interessieren sich noch **v**ordergründig für die charakterlichen Eigenscha**f**ten. **V**erständlicherweise interessieren sich die meisten **f**ür **F**ragen und Probleme, die sich aus dem täglichen Zusammenleben mit dem Hund ergeben. Ein Hund muss in jedem Fall hören, wenn man nach ihm **pf**eift und den Be**f**ehlen seiner Besitzer gehorchen.

Seite 69

5 **Max hat eine Verle**tz**ung**

Nach dem Frühstü**ck** machte Max mit seinem Freund Tom eine Wanderung. Sie pa**ck**ten den Ru**ck**sa**ck** mit frisch geba**ck**enem Kuchen und le**ck**eren Geträn**k**en. Dann wanderten sie dire**k**t in das nahe gelegene Waldstü**ck**.

Dort kletterten sie den Berg hinauf und verle**tz**en sich dabei an den Dornenhe**ck**en, welche den Boden bede**ck**ten. Max fühlte im rechten Bein einen entse**tz**lichen Schmerz. Tom rief entse**tz**t: „Du musst dire**k**t zum Arzt!" Doch sie hatten bereits eine lange Wegstre**ck**e hinter sich. Zum Glü**ck** hatte Tom sein Handy im Gepä**ck**. Und auch der A**kk**u war geladen.

Seite 70

6 **Der En**d**spurt führte zum Sieg**

En**d**lich findet das angekündigte Sportfest statt. Mit großer Spann**ung** wird der En**d**lauf der besten Sprinter unserer Schule **er**wartet. Als der Startschuss fällt, liegen Peter und Ben sofort vorn. Sie lassen die anderen Läu**fer** in großer Ent**f**ernun**g** hinter sich. Dann kommt die Entschei**dung**. In letzter Sekunde zieht Ben an Peter vorbei ins Ziel. Die Ent**t**äusch**ung** bei Peter ist groß.

Ben entschul**digt** sich bei ihm. Doch Peter meint: „So entse**tz**lich es für mich auch ist, aber dein En**d**spurt war super!" Alle sind sich ein**ig**, beide Sportler sind würd**ig**, eine Urkunde zu erhalten. Der Rektor fordert die beiden freund**lich** auf, auf die Tribüne zu kommen: „Wir gratulieren euch herz**lich**! Mit ein wen**ig** Glück und gutem Training kann es jeder schaffen. Also: Seid immer sport**lich** aktiv!" Freudig und glück**lich** verlassen beide die Tribüne. Die Veranstal**tung** ist beendet.

KAPITEL 5: WELCHES SATZZEICHEN GEHÖRT WOHIN?

Seite 72

1 a) Wie oft rufst du mich an**?**
b) Erinnerst du dich etwa nicht**!/?**
c) Kommst du mal sofort her**!/?**
d) Was essen wir heute zum Abendbrot**?**
e) Gehen wir dann zum Nachbarn**?**
f) Machst du bitte die Tür zu**!/?**

Seite 73

2 a) Wir wollen heute Abend grillen. / Heute Abend wollen wir grillen.
b) Thomas spielt mit seinem kleinen Bruder Ball. / Mit seinem kleinen Bruder spielt Thomas Ball.
c) Morgen singt Katja beim Chorauftritt. / Katja singt morgen beim Chorauftritt.
d) Wir fahren nächste Woche in den Urlaub nach Rom. / Nächste Woche fahren wir in den Urlaub nach Rom.

3 a) Vogeleltern versorgen ihre Jungen, auch wenn sie aus dem Nest gefallen sind.
    b) Lasst die kleinen Nestflüchtigen an Ort und Stelle!
    c) Bitte setzt Vögel, die auf einer Straße hocken, abseits an eine geschützte Stelle!
    d) Wenn ein kleiner Vogel völlig verhungert und durchnässt ist, sollte man ihn mitnehmen.

Seite 74

4 Was tun mit Nestflüchtern?
Im Frühling ist bei vielen Tieren Kinderstubenzeit angesagt. So auch bei den Vögeln. Was ist zu tun, wenn man unterwegs am Wegesrand ein putziges, hilfloses Federknäuel findet? Instinktiv regt sich bei vielen Menschen Mitleid: Armes Vögelchen./! Und man fasst den Entschluss, es mitzunehmen und zu Hause aufzupäppeln. Falsch! Bei fast allen Vogelarten verlassen die Jungen den Brutplatz schon, bevor ihr Gefieder vollständig ausgewachsen ist und sie richtig fliegen können. Werden diese Nestflüchter von den Vogeleltern versorgt? Ja! Deshalb soll man Jungvögel dort belassen, wo sie sind.

Seite 76

5 Die Bremer Stadtmusikanten
Es war einmal ein Mann, der hatte einen Esel. Der hatte ihm schon lange Jahre unverdrossen die Säcke in die Mühle getragen, er war stets fleißig und fügsam. Nun aber gingen die Kräfte des Esels zu Ende, er taugte nicht mehr zur Arbeit. Da dachte der Herr daran, ihn wegzugeben. Der Esel merkte dies jedoch, er lief fort und machte sich auf den Weg nach Bremen. Er meinte, dort könne er ja Stadtmusikant werden.

Seite 77

6 a) Der Esel ging schon eine Weile, da fand er einen Jagdhund am Wege.
    b) Der Jagdhund lag jämmerlich dort, er heulte laut.
    c) Er heulte, denn sein Herr wollte ihn erschießen lassen, da er angeblich nichts taugte.
    d) Da er erschossen werden sollte, hatte er Reißaus genommen.
    e) Er fragte sich, wie es weitergehen solle.
    f) Der Esel munterte ihn auf, denn er forderte ihn auf mitzukommen.
    g) Der Esel wollte in Bremen die Laute spielen(,) und der Hund sollte die Pauke schlagen.
    h) Damit war der Jagdhund einverstanden, da gingen sie zusammen weiter.
    i) Die zwei fassten gemeinsam neuen Mut, sie waren gut gelaunt.
    j) Sie gingen zügig, denn sie sahen weit in der Ferne die Türme der Stadt.

7 a) Die Katze konnte keine Mäuse mehr jagen, da wollte die Frau sie ersäufen.
    Oder: Da die Katze keine Mäuse mehr jagen konnte, wollte die Frau sie ersäufen.
    b) Sie wollte davonschleichen, denn sie war ratlos und traurig.
    c) Der Esel und der Hund trösteten sie, denn sie luden die Katze ein mitzukommen.
    d) Die Katze fand die Idee gut, denn sie wollten in Bremen Nachtmusik machen.
    e) Alle waren gut gelaunt, denn die Katze ging mit den beiden.
    f) Ein Haushahn saß an einem Hof auf dem Tor, doch er war nicht froh.
    g) Der Haushahn hatte Angst, denn die Köchin hatte seinen Tod befohlen.

Seite 79

8 Die vier Bremer Stadtmusikanten und das Räuberhaus
Als es dunkel wurde, beschlossen die vier Bremer Stadtmusikanten, im Wald zu übernachten. Sie versteckten sich in einer hohen Tanne, welche am Waldrand stand. Ehe der Hahn einschlief, sah er sich noch einmal nach allen vier Windrichtungen um. Da bemerkte er einen Lichtschein, der von einem Haus stammen könnte, das sich in der Nähe des Waldes befand. Der Esel meinte, dass sie sich doch alle zu diesem Haus aufmachen sollten. Er fand, dass ihre derzeitige Herberge schlecht sei. Auch der Hund meinte, dass ihm ein paar Knochen mit Fleisch gut tun würden. Also machten sie sich auf den Weg in die Richtung, aus der das Licht kam.

9 a) Der Hund, welcher halb verhungert war, folgte den Freunden.
 b) Die Katze, die keine Mäuse mehr fing, gesellte sich zu den beiden.
 c) Und der Hahn, der im Suppentopf landen sollte, war glücklich(,) weiterleben zu dürfen.
 d) Die vier Tiere, die sich sofort einig waren, zogen nach Bremen.
 e) Der Wald, den sie durchqueren mussten, war sehr groß.
 f) Sie erblickten ein Haus, aus welchem laute Geräusche kamen.
 g) Das Haus, das den Räubern gehörte, sollte ihre Nachtherberge werden.

Seite 80

10 a) Nachdem der Esel das getan hatte, kletterte der Hund auf seinen Rücken.
 b) Als der Hund gerade stand, setzte sich die Katze auf ihn.
 c) Weil der Hahn der Kleinste war, flog er auf den Kopf der Katze.
 d) Sie fingen auf ein Zeichen an zu musizieren, sodass sich die Räuber furchtbar erschraken.
 e) Die Räuber verließen schreiend das Haus, weil die Tiere lautstark musizierten.

11 a) Sie kamen an ein Haus, das genau vor ihnen stand.
 b) Weil der Esel am größten war, konnte er durch eines der Fenster schauen.
 c) Er rief erschrocken, dass im Haus Räuber seien.
 d) Der Esel erzählte, dass er einen Tisch sehen könne, der mit Essen und Trinken gedeckt sei.
 e) Die Räuber, welche um den Tisch herum saßen, ließen es sich gut gehen.
 f) Da sprach der Hahn, dass das etwas für sie vier wäre.
 g) Daraufhin überlegten die Tiere, was sie tun könnten.
 h) Nachdem sie nachgedacht hatten, ist ihnen etwas Tolles eingefallen.

Seite 81

12 Uta ruft Tanja an: „Stimmt es, dass wir bald einen Aufsatz schreiben?"
„Ja, wir schreiben einen Märchen-Text", antwortet Tanja.
„Können wir uns das Märchen selbst ausdenken?", fragt Uta.
„Den größten Teil schon", meint Tanja, „wir bekommen nur einen Märchenanfang vorgegeben."
„Hoffentlich kommt dort auch etwas mit einem Prinz vor!", lacht Uta.

Seite 82

 – Papa schimpft: „Der Grill ist ja noch schmutzig!"
Oder: „Der Grill ist ja noch schmutzig!", schimpft Papa.
– Opa singt: „Wenn der weiße Flieder wieder blüht!"
Oder: „Wenn der weiße Flieder wieder blüht!", singt Opa.
– Der Verkäufer fragt: „Passt dir diese Jeanshose?"
Oder: „Passt dir diese Jeanshose?", fragt der Verkäufer.
– Mama ruft: „Die Steaks sind fertig!"
Oder: „Die Steaks sind fertig!", ruft Mama.
– Tanja lacht: „So einen lustigen Film habe ich lange nicht gesehen!"
Oder: „So einen lustigen Film habe ich lange nicht gesehen!", lacht Tanja.
– Uta sagt: „Heute Abend grillen wir Steaks."
Oder: „Heute Abend grillen wir Steaks.", sagt Uta.

 a) „Toll", antwortete Hannes, „wieso fragst du?"   eingeschoben
b) Theo blickt ihn an: „Ach, nur so!"   vorangestellt
c) „Und wie war dein Tag?", fragt Hannes.   nachgestellt
d) „Wir hatten heute viel Stress", antwortete Theo,
    „weil wir einen Aufsatz geschrieben haben."   eingeschoben
e) Hannes fragt: „Über welches Thema?"   vorangestellt
f) „Über Märchen …!", antwortet Theo.   nachgestellt

Seite 83

 – Vorangestellter Redebegleitsatz:
Luis rief begeistert: „Mir macht es Spaß, mir Märchen und Geschichten auszudenken."
– Nachgestellter Redebegleitsatz:
„Mir macht es Spaß, mir Märchen und Geschichten auszudenken.", rief Luis begeistert.
– Eingeschobener Redebegleitsatz:
„Mir macht es Spaß", rief Luis begeistert, „mir Märchen und Geschichten auszudenken."

16 Die Flucht der Räuber
Als die vier Bremer Stadtmusikanten die Räuber in die Flucht getrieben hatten, meinte der Esel: „Kommt, Freunde, lasst uns an dem schön gedeckten Tisch Platz nehmen." Da setzen sich die vier und genossen die Speisen. Die Katze sagte: „Hm, die Soße schmeckt köstlich!", und der Hund schmatzte: „Der Knochen mit den Fleischresten ist eine wahre Köstlichkeit." Als sie fertig waren, löschten sie das Licht.
„Kommt, lasst uns eine Schlafstatt finden", forderte der Esel auf. „Ja, jeder sucht sich aus, was ihm am besten gefällt", stimmte der Hahn zu.

ABSCHLUSSTEST

Seite 84

1 Wie füttert man Vogelkinder richtig?
Wer ein Vogelkind aufziehen will, muss viel Zeit mitbringen. **D**ie Tiere erleiden schwerste Schäden, wenn die richtigen Fütterungsabstände nicht eingehalten werden. Futter für Singvögel kann ein zerkleinerter Haferbrei, Magerquark oder geriebener Zwieback sein. **D**och wie oft sollte man füttern? Experten raten, den kleinen Piepmätzen alle halbe Stunde das Futter mit einer Pinzette zu verabreichen. **U**nd was ist mit kleinem Getier als Futterbeimengung? Fliegen, Spinnen und Raupen können ebenso in den Futterbrei.

Seite 84/85

2 Die vier Stadtmusikanten
Der Hahn wurde vom Esel aufgefordert mitzukommen, <u>da</u> er von der Bäuerin seines Hofes geschlachtet werden sollte. Die Gäste würden den Hahn zum Mittagessen bekommen, <u>da</u> solle er lieber aus vollem Hals schreien und in Bremen auftreten.
Der Hahn willigte ein, <u>denn</u> er fand den Vorschlag herrlich. Er freute sich auf Bremen, <u>da</u> er musizieren wollte. Sie konnten die Stadt nicht an einem Tag erreichen, <u>doch</u> auch da hatten sie eine Idee. Sie kamen abends in einen Wald, dort wollten sie übernachten. Der Esel und der Hund legten sich unter einen großen Baum **(,)** und die Katze kletterte auf einen Ast. Der Hahn flog bis in den Wipfel, dort war es für ihn am sichersten. Der Mond schien **(,)** und die Sterne funkelten. Langsam wurden die Tiere müde und wollten von der großen Stadt träumen. (Achtung: Der letzte Satz ist ein einziger Hauptsatz, denn im zweiten Teil nach „und" fehlt das Subjekt.)

Seite 85

3 Die Bremer Stadtmusikanten
<u>Nachdem</u> sie alle vier so laut geschrien und musiziert hatten, stürzten sie durch das Fenster in die Stube hinein. Die Räuber erschraken sich derartig, <u>dass</u> sie mit lautem Gebrüll in die Höhe fuhren. Sie meinten, ein Gespenst käme herein. Daraufhin flohen sie in großer Furcht in den Wald hinaus, <u>wo</u> sie um ihr Leben liefen. Die vier Gesellen setzen sich an den Tisch, <u>welcher</u> ja reichlich mit edelsten Speisen gedeckt war. Jeder aß nach Herzenslust von den Speisen, <u>die</u> ihm am besten schmeckten. <u>Als</u> sie fertig waren, löschten sie das Licht aus. Der Esel meinte, <u>dass</u> sich jeder eine Schlafstelle nach seinem Geschmack aussuchen solle. Der Esel legte sich auf den Mist, <u>da</u> verkroch sich der Hund hinter der Tür. <u>Weil</u> die Katze es warm haben wollte, rollte sie sich auf dem warmen Herd zusammen. Der Hahn flog auf das Dach.

Seite 86

4 Die Räuber kehren zurück
Die Bremer Stadtmusikanten schliefen nach einem guten Mahl genüsslich ein. „Schön, so gut gegessen zu haben", dachte sich der Esel und schloss zufrieden
die Augen. Die Räuber jedoch beobachteten ihr Räuberhaus aus sicherer Entfernung. „Seht doch", murmelte einer, „im Haus brennt kein Licht mehr." „Wir hätten uns doch nicht so einfach ins Bockshorn jagen lassen sollen!", sprach der Hauptmann. Und zu einem seiner Räuber rief er: „Sieh nach, ob jemand im Haus ist." In der Küche wollte der Räuber ein Schwefelhölzchen an glühenden Kohlenaugen anzünden. Da sprang ihm die Katze ins Gesicht und kratzte ihn: „Hier, du garstiger Räuber." Der Hund biss ihn ins Bein. „Aua, verdammt du Ungeheuer!" Der Räuber rannte aus dem Haus. Dort bekam er vom Esel noch einen Tritt. Und der Hahn schrie: „Kikerikie! Kikerikie!"

KAPITEL 6: WIE TRENNT MAN RICHTIG?

Seite 89

1

wir pfiffen – wir pfeifen	**pfif-fen**	**pfei-fen**
stellen – stehlen	**stel-len**	**steh-len**
die Rassen – der Rasen	**Ras-sen**	**Ra-sen**
Schwämme – Schwärme	**Schwäm-me**	**Schwär-me**
die Kämme – sie käme	**Käm-me**	**kä-me**
die Kelle – die Kehle	**Kel-le**	**Keh-le**
wissen – die Wiesen	**wis-sen**	**Wie-sen**

2

Zu-cker	me-ckern	dick
Bä-cker	ro-cken	le-cker, le-cken
Rock; Ro-cker	ni-cken	Ho-cker Acker
Zi-cke	Krü-cke, Krü-cken	He-cke
Ba-cke	sa-cken	

3

Ket|te	Trop|fen	Hit|ze	Karp|fen
Deut|scher	Stra|ße	Au|ge	Be|steck
Pap|pe	Sa|chen	Städ|te	Müt|ze
Kas|ten	Hop|fen	Kis|te	Het|ze

Seite 90

4

hin-auf	oder	**hi-nauf**	Sig-nal	oder	**Si-gnal**
ein-an-der	oder	**ei-nan-der**	Mag-net	oder	**Ma-gnet**
wa-rum	oder	**war-um**	Feb-ruar	oder	**Fe-bru-ar**
dar-um	oder	**da-rum**	Zyk-lus	oder	**Zy-klus**

5

An-ker	**Mu-sik**
Wä-sche	**Ho-tel**
Ta-sche	**Lo-cke**
Kat-ze	**Tat-ze**
Trop-fen	**Ris-pe**
Eber	**Fab-rik**

6

Spiel-er-öff-nung	Bau-er-zeug-nis-se	Buch-ein-band	Tee-ern-te,
Bild-er-klä-rung	Tee-baum-plan-ta-ge	Blu-men-topf-er-de	Kaf-fee-ge-nuss,
Wasch-an-la-ge	Mee-res-fisch-e	Zoo-or-ches-ter	Fluss-sand

Seite 91

7
Com-pu-ter-bild-schirm
Post-brief-kas-ten-ent-lee-rung
Brief-mar-ken-sam-mel-al-bum
Sei-fen-kis-ten-ren-nen
Re-gen-schirm-stän-der

8

HEREI	**Rei-he**	ENREßI	**rei-ßen**
EÄUBM	**Bäu-me**	ERRATS	**Star-re**
EATZT	**Tat-ze**	LENHTSUHL	**Lehn-stuhl**
LEMMES	**Sem-mel**	LÖTEBUAME	**Öl-baum**
FERKÄ	**Kä-fer**	NMUMRSOLE	**Los-num-mer**

9 a) ~~Pfef fer kö r ner~~
      Pfef-fer-kör-ner
      Pfe-f-f-erk-ör-ner

 b) ~~A qua r ium~~
      ~~A qua ri um~~
      Aqua-ri-um

 c) **Zu-cker-ku-chen**
      ~~Zuc ker kuc hen~~
      ~~Zu cker ku ch en~~

 d) ~~Co mp u ter tasta tur~~
      Com-pu-ter-tas-ta-tur
      ~~Compu ter tasta tur~~

ABSCHLUSSTEST

Seite 93

10 a) ele-gant
   d) Ten-nis-schlä-ger
   g) Lan-ge-wei-le
   j) Kat-zen-korb
   m) Kar-pfen-teich
   p) Ter-min-ka-len-der

   b) Tisch-kan-te
   e) Sport-ruck-sack
   h) Rie-sen-rad
   k) Som-mer-fest
   n) Na-gel-fei-le

   c) Zu-cker-do-se
   f) Wit-ze-er-zäh-ler
   i) zi-schen
   l) Igel
   o) Du-sche

KAPITEL 7: ACHTUNG, FREMDWÖRTER!

Seite 95

1 **Th**ema
   Apo**th**eke
   Stro**ph**e
   Rharbarber
   Therapie
   Thema

   Chip
   Ma**th**ematik
   Physik
   Chemie
   Al**ph**abet
   Comi**c**

   Croissant
   Theater
   Katastro**ph**e
   Dis**c**o
   Video**th**ek

2 Charme **(sch)**
   Chemie **(ch)**
   Chirurg **(ch)**
   Chauffeur **(sch)**
   China **(ch)**

   Chanson **(sch)**
   Chronik **(k)**
   Chiffre **(sch)**
   Charakter **(k)**
   Chor **(k)**

   Chaos **(k)**
   Chlor **(k)**
   Christmesse **(k)**
   Orchester **(k)**
   Chronik **(k)**

Seite 96

3 a) Chip (e)
   d) Pinzette (f)
   g) charmant (f)
   j) Ingenieur (f)
   m) Jazz (e)
   p) Baguette (f)
   d) Friseur (f)
   v) Top Ten (e)

   b) Sweatshirt (e)
   e) Garderobe (f)
   h) Joystick (e)
   k) Couch (f)
   n) Serviette (f)
   q) Croissant (f)
   t) Jalousie (f)
   w) Comic (e)

   c) Toilette (f)
   f) Laptop (e)
   i) Garage (f)
   l) Skateboard (e)
   o) Song (e)
   r) Chanson (f)
   u) Massage (f)

Seite 97

4 a) Chef
b) Champignon
c) Chauffeur
d) Chicorée
e) Chiffre
f) Christbaum

5
Date**i**
Buff**et**/**Büffet**
Park**ett**
Portmon**ee**/**Portemonnaie**
Pubert**ät**
Kriminalit**ät**
Sp**ion**
Blam**age**
Mag**ie**
Part**ie**
Jong**leur**
Techn**ik**
Opt**ik**
akt**iv**
Gar**age**

Seite 98

6 mass**ieren** – Mass**age** – Mass**eur**
oper**ieren** – Oper**ation** – Oper**ateur**
dekor**ieren** – Dekor**ation**
konzentr**ieren** – Konzentr**ation** – Konstruk**teur**
organis**ieren** – Organis**ation**
inform**ieren** – Inform**ation** – Informa**tik**
applaud**ieren** – Applaus
konstru**ieren** – Konstruk**tion**
Illustr**ieren** – Illustr**ation**
install**ieren** – Install**ation** – Installa**teur**
transform**ieren** – Transform**ation**
add**ieren** – Addi**tion**

7 a) Alle Wörter sind so geschrieben, wie man sie ausspricht.
b) Nation: Volksgemeinschaft
Service: Dienst, Dienstleistung
Soße (auch: Sauce): für Fleisch, Gemüse
Job: Arbeit / Shop: Geschäft
Balance: Gleichgewicht
Song: Lied
Garage: Unterstellmöglichkeit für Pkw
Gelee: Fruchtaufstrich
Page: Bediensteter im Hotel
Physik: Naturwissenschaft
Gendarm: veraltet für Polizist
Etage: Stockwerk
Make up: Schminke
Ration: Menge, Portion

8 a) Fotografie – Photographie
Biographie – Biografie
Mikrofon – Mikrophon
Geografie – Geographie
Grafik – Graphik
Delphin – Delfin
Saxofon – Saxophon
Paragraf – Paragraph

ABSCHLUSSTEST

Seite 99

1 a) Eine **Dynastie** ist ein Herrschergeschlecht, so wie die Windsors in England.
b) Im Labor werden die Stoffe unter dem **Mikroskop** untersucht.
c) In ihrem **Atelier** malt und töpfert die Künstlergruppe.
d) Bereits im Fach NAWI beschäftigen sich die Schüler mit der **Chemie** und **Physik**.
e) Wer krank ist, sollte sich einer **Therapie** unterziehen.
f) Der **Ingenieur** entwickelt zum Beispiel Maschinen.
g) Wir singen gemeinsam im **Chor** unserer Schule.
h) Der **Masseur** hat die **Massage** so gut durchgeführt, dass die Schmerzen verschwunden sind.

KAPITEL 8: HÄUFIG FALSCH GESCHRIEBENE WÖRTER

Seite 101

 a) Die Haupt**stadt** von Deutschland heißt Berlin.
b) In jeder Groß**stadt** gibt es einen massiven **Stadt**verkehr.
c) **Statt** nur am PC zu sitzen, solltest du dich auch mal verabreden.
d) Köln ist eine weltbekannte Dom**stadt**, wo jedes Jahr ein großer Karnevalsumzug **statt**findet.
e) In der Werk**statt** meines Onkels kann man schreinern und bauen.
f) (...) Die **Stadt**bevölkerung von Leipzig ist **statt**dessen rasant gewachsen.
g) In Weimar befindet sich die Gedenk**stätte** für das KZ Buchenwald.

Seite 102

 a) weiner**lich** – das **weinerliche** Kind
b) gnäd**ig** – der **gnädige** Herrscher
c) art**ige** – der **artige** Welpe
d) eck**ig** – der **eckige** Tisch
e) schrift**lich** – das **schriftliche** Urteil
f) herr**lich** – der **herrliche** Morgen
g) dunst**ig** – das **dunstige** Wetter
h) farb**ig** – das **farbige** Kätzchen
i) sal**zig** – das **salzige** Essen
j) durst**ig** – der **durstige** Vater
k) lächer**lich** – das **lächerliche** Ereignis
l) versehent**lich** – die **versehentliche** Verwechslung
m) großzüg**ig** – die **großzügigen** Nachbarn
n) ängst**lich** – das **ängstliche** Kaninchen

Seite 103

3 Das Stattfest
Heute findet wider einmal das alljährliche Stattfest stadt.
Wir wollen dort hingehen. Zuerst müssen wir mit der S-Bahn leider kver durch die Stadt fahren. In der vollen S-Bahn wird man immer gekwetscht. Das ist gar nicht lustich. Das Fest hat bestimmt wider großen Erfolg, auch wenn es den Wiederstand der Anwohner wegen des waksenden Alkoholkonsums gab.

4

die Quittung	die Quelle	quer	der Quatsch	das Quartett	quieken
der Quader	das Quiz	quaken	der Quark	gequetscht	quirlig
die Quere	gequollen	quadratisch			

Seite 104

 a) Der Tiger wurde **wider** seinen Willen eingesperrt.
b) Der **Wider**stand der Soldaten war zwecklos.
c) Die Kuh ist ein Säugetier und gehört zu den **Wieder**käuern.
d) Das Eiscafe „Dolomiti" ist endlich **wieder** eröffnet.
e) Wir **wider**rufen unsere Aussage vor Gericht.
f) Die Zeugenaussagen haben sich **wider**sprochen.
g) Seine ständigen **Wider**worte ärgerten sie schon lange.
h) Das **Wieder**sehen nach mehr als einem Jahr war sehr schön.
i) Dies war schon der zweite Einbruch. Die Diebe hatten es **wieder** versucht.
j) Sie diskutierten lange über das Für und **Wider** dieser Lösung.

Seite 105

len**k**st	fa**x**en	e**x**tra	Mi**x**er
än**g**stigen	An**g**st	verste**ck**st	he**x**en
wä**chs**t	den**k**st	wa**chs**en	flie**g**st
gewa**chs**en	Fa**x**	La**chs**	

ABSCHLUSSTEST

Seite 106

❶ a) Im späten Sommer hört man am Teich viele Frösche **quak**en.
b) Wir werden das Diktat **wieder**holt üben und es dann **wieder**um selbst korrigieren.
c) Zum Mittag gab es gab es frisch gefa**ng**enen La**chs** mit Kartoffeln und einem Kle**cks** Soße aus Sahne und Meerrettich.
d) Die **Qu**arktorte von Oma schme**ck**t allen am besten.
e) Durch die **wider**sprüchlichen Aussagen hat sich der Täter verraten.
f) Sta**tt** hier zu schlafen, solltest du lieber die Sta**dt** besichtigen.
g) Es ist wie verhe**x**t, ständig fällt etwas herunter.
h) Das Stück war sehr lust**ig**. Sie haben sich kön**iglich** amüsiert.
i) Der **Wider**spruch wird w**ie**der züg**ig** schrift**lich** eingereicht.

134

STICHWORT-VERZEICHNIS

BILDQUELLENVERZEICHNIS